ほんとうにあった
戦《せん》争《そう》と平《へい》和《わ》の話《はなし》

野《の》上《がみ》　暁《あきら》／監《かん》修《しゅう》

講談社 青い鳥文庫

はじめに

野上《のがみ》 暁《あきら》

戦争《せんそう》とは、国《くに》と国《くに》とが武器《ぶき》を持《も》って戦《たたか》うことです。それぞれの国民《こくみん》が、兵士《へいし》として戦場《せんじょう》に送《おく》りだされ、きずつけあい、殺《ころ》しあいますから、勝《か》っても負《ま》けても、たくさんの負傷者《ふしょうしゃ》や死者《ししゃ》が出《で》ます。

また、敵《てき》の国《くに》の基地《きち》や都市《とし》、武器《ぶき》をつくる工場《こうじょう》などをねらって、爆弾《ばくだん》で攻撃《こうげき》します。武《ぶ》器《き》を持《も》たない多《おお》くの市民《しみん》が犠牲《ぎせい》になります。そのなかには、たくさんの子《こ》どもも、ふくまれています。はげしい爆撃《ばくげき》は、街《まち》や家《いえ》を、ときには森《もり》や田畑《たはた》をやきつくし、美《うつく》しいけしきも、ふるさとの思《おも》い出《で》もうばっていきます。

第二次世界大戦《だいにじせかいたいせん》は、日本《にっぽん》にも、たくさんの悲劇《ひげき》をもたらしました。東京大空襲《とうきょうだいくうしゅう》では、アメリカ軍《ぐん》の爆撃《ばくげき》で東京《とうきょう》が火《ひ》の海《うみ》となり、ひと晩《ばん》で10万人《まんにん》が亡《な》くなったといわれます。アメリカ軍《ぐん》が上陸《じょうりく》してきた沖縄《おきなわ》では、地上《ちじょう》ではげしい戦《たたか》いが行《おこな》われ、約《やく》20万人《まんにん》が亡《な》くなっています。そのなかには、一般《いっぱん》の人《ひと》が9万人《まんにん》以上《いじょう》もふくまれていました。原子爆弾《げんしばくだん》が落《お》とされた広島《ひろしま》では約《やく》14万人《まんにん》、長崎《ながさき》では約《やく》7万人《まんにん》の命《いのち》がうばわれただけでなく、その後《ご》も原爆症《げんばくしょう》などにより長《なが》い年月《ねんげつ》にわたって多《おお》くの人《ひと》が苦《くる》しんできました。

日本《にっぽん》はおもにアジアの国々《くにぐに》を侵略《しんりゃく》し、破壊《はかい》しました。日本《にっぽん》もふくめて、アジア地域全体《ちいきぜんたい》で2000万人《まんにん》のとうとい命《いのち》がうばわれたといわれています。

領土《りょうど》・資源《しげん》のうばいあい、宗教《しゅうきょう》・民族《みんぞく》のちがい……そんな理由《りゆう》で戦争《せんそう》は始《はじ》まるのです。

日本《にっぽん》は1945年《ねん》の敗戦《はいせん》ののち、一度《いちど》も戦争《せんそう》をしていません。しかし、いまも世界《せかい》の各地《かくち》で戦争《せんそう》はつづいています。

この本《ほん》は、そんな戦争《せんそう》のなかでほんとうにあった14の話《はなし》を集《あつ》めました。おそろしい戦争《せんそう》の時代《じだい》にあっても、けっして希望《きぼう》をうしなわずに、生《い》きぬこうとした人《ひと》たちの物語《ものがたり》です。いまも戦争《せんそう》をくいとめ、平和《へいわ》な世《よ》の中《なか》を実現《じつげん》しようと、立《た》ちむかっている人《ひと》たちの物語《ものがたり》です。

この本《ほん》が、みなさんにとって、戦争《せんそう》をなくすにはどうしたらいいかを考《かんが》える、ヒントになればと思《おも》います。

ほんとうにあった戦争《せんそう》と平和《へいわ》の話《はなし》

マララ・ユスフザイ

もくじ

山本美香《やまもとみか》

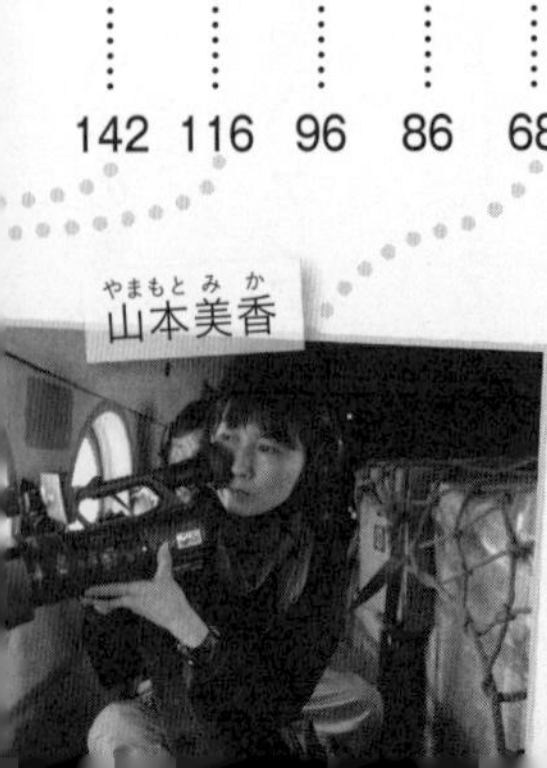

横井庄一《よこいしょういち》

緒方貞子《おがたさだこ》

アンネ・フランク

マララ 言葉《ことば》で世界《せかい》はかえられる

2014年《ねん》12月《がつ》

ノーベル平和《へいわ》賞受賞《しょうじゅしょう》

宮里夢子《みやさとゆめこ》・文《ぶん》

おだやかな表情《ひょうじょう》のなかにも
強《つよ》い意志《いし》を感《かん》じさせる
マララ・ユスフザイ。

学校《がっこう》で勉強《べんきょう》すること、すきな服《ふく》を着《き》ること、楽《たの》しい音楽《おんがく》をきくこと——。こんな、だれにとっても当然《とうぜん》あたえられるべき権利《けんり》が、武器《ぶき》の力《ちから》によって、突然《とつぜん》うばわれてしまうことがあります。子《こ》どもたちの未来《みらい》のために、ひとりの少女《しょうじょ》が立《た》ちあがりました。

マララ・ユスフザイは壇上《だんじょう》で、勇敢《ゆうかん》な戦士《せんし》のように見《み》えました。その手《て》に、人《ひと》を服従《ふくじゅう》させるための武器《ぶき》は持《も》っていません。けれどもその声《こえ》には、人びとの心《こころ》を動《うご》かし、未来《みらい》を切《き》りひらくのに十分《じゅうぶん》な力《ちから》があるのです。

わたしはマララです。
そしてまた、シャジアでもあります。
わたしはカイナート・リアズです。
わたしはカイナート・スームロです。
わたしはメゾンです。
わたしはアミナです。
わたしは、教育《きょういく》をうばわれている6600万人《まんにん》の女《おんな》の子《こ》です。

今日《きょう》声《こえ》をあげているのはわたしではありません。6600万人《まんにん》の女《おんな》の子《こ》が声《こえ》をあげているのです。

すべての子《こ》どもに教育《きょういく》を！

2014年《ねん》12月《がつ》10日《とおか》、ノルウェーで行《おこな》われたノーベル平《へい》和《わ》賞《しょう》の授賞式《じゅしょうしき》です。「女《おんな》の子《こ》にも教育《きょういく》を！」と、世界《せかい》にうったえつづけたマララは、その活動《かつどう》がたたえられ、史上《しじょう》最年少《さいねんしょう》の17才《さい》でこの賞《しょう》をおくられました。

ノーベル平和賞《へいわしょう》のメダルを
おくられた17才《さい》のマララ。

マララは真剣《しんけん》なまなざしでスピーチをつづけます。

「わたしは、学《まな》ぶ権利《けんり》を主張《しゅちょう》したことで銃《じゅう》でうたれ、一度《いちど》は生死《せいし》の境《さかい》をさまよいました。わたしの育《そだ》った場所《ばしょ》では、女《おんな》の人《ひと》が教育《きょういく》を受《う》けることは犯罪《はんざい》だったのです。これはめずらしいことではありません。いまでも多《おお》くの女《おんな》の子《こ》たちが、教育《きょういく》をのぞんだばかりに誘拐《ゆうかい》され、殺《ころ》されています。わたしは、そんな少女《しょうじょ》たちのひとりとして、ここで声《こえ》をあげているのです。」

１９９７年《ねん》、パキスタン北部《ほくぶ》にあるスワート渓谷《けいこく》で生《う》まれた少女《しょうじょ》は、お父《とう》さんに「マララ」と名《な》づけられました。これは、その昔《むかし》、イギリス軍《ぐん》の襲撃《しゅうげき》から国《くに》を守《まも》るため、男《おとこ》たちと戦場《せんじょう》に向《む》かった勇敢《ゆうかん》な女性《じょせい》、「マラライ」からきています。

男《おとこ》たちがつぎつぎとたおれるなか、マラライは自《みずか》ら先頭《せんとう》に立《た》ち、「奴隷《どれい》として１００年《ねん》生《い》きるより、獅子《しし》として１日《にち》を生《い》きたい！」とさけびました。この言葉《ことば》で心《こころ》をふるいたたせた兵士《へいし》たちは、勢《いきお》いをとりもどし、イギリス軍《ぐん》をみごと追《お》いかえすことに成功《せいこう》したのです。

お父《とう》さんからこの物語《ものがたり》をはじめて聞《き》かされたとき、マララはまだ小《ちい》さい子《こ》どもでした。

「マライは、最期《さいご》は銃《じゅう》でうたれて死《し》んじゃうんでしょ。こんな悲《かな》しい名前《なまえ》いやだな。」

自分《じぶん》のひざの上《うえ》で口《くち》をとがらすマララに、お父《とう》さんはやさしく言《い》いました。

「自分《じぶん》のつむぐ言葉《ことば》で世《よ》の中《なか》をかえようとする勇気《ゆうき》は、とてもほこらしいじゃないか。」

すると、マララはすっかり鼻高々《はなたかだか》になり、この名前《なまえ》でよかったな、と思《おも》ったのでした。


マララは、大《だい》すきな両親《りょうしん》や弟《おとうと》たちにかこまれて、すくすく育《そだ》っていきました。スワートの自然《しぜん》は、くらべるもののない美《うつく》しさでいつも見守《みまも》ってくれます。周囲《しゅうい》の山々《やまやま》は雲《くも》をつきぬけ、夏《なつ》でもまっ白《しろ》な雪《ゆき》がかかっているし、その下《した》を流《なが》れる川《かわ》はキラキラとすきとおっています。野原《のはら》には色《いろ》とりどりの花々《はなばな》がさきみだれ、イチジクやザクロ、モモといった、おいしい果物《くだもの》のなる木《き》もたくさんあります。

そんな楽園《らくえん》のような場所《ばしょ》を、マララは大《だい》すきでしたが、その美《うつく》しい自然《しぜん》がどうやってできたのか、長《なが》い歴史《れきし》のなか、人《ひと》びとがどんなふうにくらしてきたのかを知《し》ることは、もっと大《だい》すきでした。勉強《べんきょう》は、マララにとってとても身近《みぢか》なことでした。

マララのお父《とう》さんは小《ちい》さい学校《がっこう》をいくつか経営《けいえい》していたので、ヨチヨチ歩《ある》きのときから、マララは教室《きょうしつ》を遊《あそ》び場《ば》にし、年上《としうえ》の子《こ》どもたちにまじって机《つくえ》にも向《む》かいました。先生《せんせい》が話《はな》す外国《がいこく》の言葉《ことば》は魔法《まほう》の呪文《じゅもん》のようだし、教科書《きょうかしょ》を開《ひら》くと、不思議《ふしぎ》な記号《きごう》がいまにもおどりだしそうにならんでいるので、とてもワクワクしました。

7才《さい》になると、学校《がっこう》の優秀生徒《ゆうしゅうせいと》といわれるようになりました。モニバという親友《しんゆう》もできて、よく成績《せいせき》をきそいあいました。音楽《おんがく》や美術《びじゅつ》の授業《じゅぎょう》では、クラスメイトそれぞれの個性《こせい》が出《で》るので、それを見《み》つけてみんなでほめあったりもします。外国《がいこく》の歴史《れきし》や英語《えいご》の文法《ぶんぽう》など、新《あたら》しいことを学《まな》ぶたび、マララは帰《かえ》ってお母《かあ》さんに話《はな》して聞《き》かせました。

マララがくらすスワートでは、女《おんな》の子《こ》が学校《がっこう》に行《い》くのは、めずらしいことでもありました。女性《じょせい》は家《いえ》で男性《だんせい》たちの世話《せわ》をするもの、というのが、イスラム教《きょう》の伝統《でんとう》と信《しん》じる人《ひと》が多《おお》く、女《おんな》の子《こ》にとって教育《きょういく》はなんの役《やく》にも立《た》たない、と思《おも》われていたからです。

スワートでくらす人《ひと》のほとんどはイスラム教徒《きょうと》です。当然《とうぜん》、マララのお父《とう》さんが女子校《じょしこう》や男女共学校《だんじょきょうがくこう》をつくると言《い》いだしたときも、まわりの人からはなかなか理解《りかい》されなかったそうです。ある日《ひ》、マララはこんな不満《ふまん》をもらしました。

「なんでみんな、そんなつまらない伝統《でんとう》にこだわるんだろう。わたしは探検家《たんけんか》のように旅《たび》をして、外《そと》の世界《せかい》になにがあるのか見《み》てみたい。それに、たくさん勉強《べんきょう》して、将来《しょうらい》は人《ひと》の役《やく》に立《た》つ仕事《しごと》がしたいのに。」

お父《とう》さんも娘《むすめ》と同《おな》じ気持《きも》ちでした。そしてこう言《い》いました。

「世界《せかい》には、戦争《せんそう》や貧《まず》しさから学校《がっこう》に行《い》けない子《こ》どもたちが、もっと大勢《おおぜい》いるんだよ。」

世界《せかい》には、小学校《しょうがっこう》に通《かよ》えない子《こ》どもたちが5700万人《まんにん》います。そして、そのうちの約《やく》3200万人《まんにん》は女《おんな》の子《こ》です。マララはお父《とう》さんの言葉《ことば》でハッとしました。彼女《かのじょ》たちとくらべたら、自分《じぶん》はとてもめぐまれているんだな、と感《かん》じたのでした。

しかし、そんな日々《ひび》はある日突然《ひとつぜん》終《お》わってしまいます。

「女子《じょし》に教育《きょういく》をあたえてはいけない。」という、おそろしいささやきがラジオから流《なが》れてきたのは、マララが10才《さい》のときでした。声《こえ》の主《ぬし》は、ファズルラーというわかい男《おとこ》で、最近《さいきん》スワート渓谷《けいこく》にあらわれた「タリバン」というグループのリーダーです。彼《かれ》らはあごひげを長《なが》くのばし、髪《かみ》もボサボサ。伝統衣装《でんとういしょう》であるシャルワールカミズ（ゆったりしたズボンとたけの長《なが》いシャツ）の上《うえ》に迷彩柄《めいさいがら》のベストを重《かさ》ねた、おそろいのかっこうをしています。街《まち》を歩《ある》くときは、手《て》に銃《じゅう》やナイフを持《も》っているので、とてもおそろしく見《み》えました。

彼《かれ》は、スワートに来《き》てすぐに自分《じぶん》のラジオ番組《ばんぐみ》をつくり、人《ひと》びとに向《む》けて語《かた》りはじめました。自分《じぶん》はイスラム法学者《ほうがくしゃ》であり、イスラム教《きょう》の経典《きょうてん》「コーラン」の解釈者《かいしゃくしゃ》であること。イスラム教《きょう》がどんなにすばらしい宗教《しゅうきょう》か、正《ただ》しいイスラム教徒《きょうと》であるためには、どんな行《おこな》いをしたらいいかを、情熱的《じょうねつてき》に話《はな》します。ときにはなきながら、ときには声《こえ》を荒《あら》げて、人《ひと》びとの心《こころ》にうったえかけます。大人《おとな》たちはファズルラーの話《はなし》にうっとりと耳《みみ》をかたむけているうちに、こう言《い》うようになりました。

「彼《かれ》はすばらしいイスラム学者《がくしゃ》だ。これからは、彼《かれ》の言《い》うとおりにしよう。」

マララのお母《かあ》さんも、友人《ゆうじん》たちが、コーランをわかりやすく説明《せつめい》してくれる、すばらしいリーダーだとほめるので、ファズルラーのラジオを楽《たの》しみに聞《き》いていました。

ファズルラーはまた、こんなことも言《い》いました。

「パキスタンの政治家《せいじか》や軍人《ぐんじん》たちは、イスラム教以外《きょういがい》を信《しん》じる異教徒《いきょうと》ばかりだ。だから我々《われわれ》のことをみとめようとしない。あんなやつら八《や》つ裂《ざ》きにして、イスラム社会《しゃかい》の法律《ほうりつ》をパキスタン全土《ぜんど》に広《ひろ》めようじゃないか。村長《そんちょう》たちだって、政治家《せいじか》たちといっしょだ。彼《かれ》らは、まずしい人《ひと》をほったらかしにする、ひどいやつらだ。」

まずしい人《ひと》たちは、「そうだそうだ。」と納得《なっとく》し、「タリバンは自分《じぶん》たちのことを理解《りかい》してくれている。」とよろこびました。女性《じょせい》たちは、ファズルラーの主張《しゅちょう》を実現《じつげん》するのに役《やく》立《だ》ててほしいと、お金《かね》や結婚祝《けっこんいわ》いのブレスレットなど、自分《じぶん》のもっている高価《こうか》なアクセサリーをさしだしました。ファズルラーが神学校《しんがっこう》やモスクの建設《けんせつ》を始《はじ》めると、その工事現場《こうじげんば》では、男性《だんせい》たちが交代《こうたい》ではたらくようになっていました。

（スワートは、まるでタリバンの王国《おうこく》みたい。）

マララは、なんとなくそんなことを思《おも》っていました。

しかし、タリバンのラジオはしだいにおかしなことを言《い》うようになりました。

「映画《えいが》を見《み》たり、音楽《おんがく》をきいたりすることはとても罪深《つみぶか》い行為《こうい》だ。ダンスをおどるなんて考《かんが》えられない。そんなことをしているから神《かみ》がいかり、この前《まえ》のような地震《じしん》が起《お》こるんだ。」

「男《おとこ》は外《そと》ではたらき、女《おんな》は一日中家《いちにちじゅういえ》にいなければいけない。どうしても外《そと》に出《で》るなら、かならずベールをかぶって顔《かお》をかくしなさい。親族以外《しんぞくいがい》の男性《だんせい》とも話《はな》さないように。」

マララはすっかり混乱《こんらん》してしまいました。

「女《おんな》は外《そと》に出《で》るな、なんて、コーランには書《か》かれてないよ。なんでそんな意地悪《いじわる》を言《い》うの？」

ショックを受《う》けるマララの頭《あたま》をなでながら、お父《とう》さんはひどくおこっていました。

「指導者《しどうしゃ》たちがコーランをゆがめて解釈《かいしゃく》するのはよくある話《はなし》だ。残念《ざんねん》なことに、多《おお》くの人《ひと》はコーランに書《か》かれているアラビア語《ご》が読《よ》めない。だから、だまされていることに気《き》づかないんだよ。」

ファズルラーを信《しん》じる大人《おとな》たちの多《おお》くは、文字《もじ》が読《よ》めません。イスラム教《きょう》の伝統《でんとう》や習慣《しゅうかん》はしっかり受《う》けついでいても、コーランに書《か》かれている真実《しんじつ》を自分《じぶん》でたしかめることができないのです。マララは、生《う》まれてはじめて、心《こころ》の底《そこ》から恐怖《きょうふ》を感《かん》じました。

タリバンの行動《こうどう》は、さらに過激《かげき》になっていきます。街《まち》で売《う》られているCD《シーディー》やDVD《ディーブイディー》は、大通《おおどお》りにつみあげてもやし、家《いえ》の中《なか》からテレビの音《おと》が聞《き》こえると、引《ひ》っぱりだしてこわします。外《そと》の世界《せかい》からの情報《じょうほう》は、神《かみ》の怒《いか》りにふれるものだというのです。人《ひと》びとが礼拝《れいはい》するモスクの前《まえ》では、タリバンの教《おし》えにさからった罪人《ざいにん》を大勢《おおぜい》でムチ打《う》ちにして、見世物《みせもの》にしました。自分《じぶん》たちに反発《はんぱつ》する人《ひと》がいれば、かんたんに殺《ころ》してみせます。とりしまるはずの警察官《けいさつかん》はスワートからにげだし、すべての警察署《けいさつしょ》にはタリバンの旗《はた》がかかげられました。

「イスラム教《きょう》の正義《せいぎ》のため」とタリバンが言《い》えば、政府《せいふ》もへたに手《て》が出《だ》せませんでした。

でも、そんなのはただの言《い》い訳《わけ》で、単《たん》に見《み》て見《み》ぬふりをしただけかもしれません。

はじめはファズルラーを支持《しじ》していた人《ひと》たちも、ようやく、自分《じぶん》たちがまちがっていたことに気《き》づきました。

(みんなに知識《ちしき》があれば、タリバンにだまされなかったのかな。知識《ちしき》があれば、市民《しみん》を見《み》殺《ごろ》しにするような政治家《せいじか》なんて、えらばなかったかもしれない。)

どこかでまたDVD《ディーブイディー》がやかれているのか、空《そら》にのびる黒《くろ》いけむりをながめながら、マラは悲《かな》しい気持《きも》ちになりました。

女性《じょせい》は完全《かんぜん》に社会《しゃかい》の外《そと》にしめだされました。市場《いちば》へ買《か》い物《もの》に行《い》くことは禁止《きんし》され、ブルカというかぶりものを強制《きょうせい》されます。これは頭《あたま》から体全体《からだぜんたい》をおおうベールで、目《め》の部分《ぶぶん》だけ外《そと》が見《み》えるように網目《あみめ》になっています。夏《なつ》にはとても暑《あつ》くて、マララは着《き》たくはありませんでした。しかしマララにとって、もっともゆるせない命令《めいれい》は、「女子《じょし》に教育《きょういく》をあたえてはいけない」というものでした。女《おんな》の子《こ》が学《まな》ぶなんて犯罪《はんざい》と同《おな》じだ、というのです。

ある日《ひ》、マララが学校《がっこう》に行《い》くと、タリバンからの警告《けいこく》が、壁《かべ》にはられていました。

「この学校《がっこう》は女子《じょし》に勉強《べんきょう》を教《おし》えている。西洋的《せいようてき》で、イスラム的《てき》ではない。早《はや》く閉鎖《へいさ》しないと学校《がっこう》の責任者《せきにんしゃ》に危害《きがい》をくわえる。」

マララはいても立《た》ってもいられず、教室《きょうしつ》に入《はい》るなり、校長《こうちょう》のマリヤム先生《せんせい》に聞《き》きました。

「学校《がっこう》に行《い》けないなんて、ぜったいいやです！　勉強《べんきょう》することが、どうしていけないんですか。」

親友《しんゆう》のモニバも、不安《ふあん》そうな顔《かお》でつぶやきました。

「わたしたちは、イスラム教《きょう》に反《はん》する悪《わる》いことをしているんですか？」

学校運営《がっこううんえい》の責任者《せきにんしゃ》であるマララのお父《とう》さんは、すぐに全校生徒《ぜんこうせいと》を集《あつ》めました。

「タリバンは、自分《じぶん》たちの思《おも》いどおりの世《よ》の中《なか》にしたいと思《おも》っている。みんなが知識《ちしき》をつけて、自分《じぶん》たちのまちがった行《おこな》いを指摘《してき》されるのがこわいんだ。ペンや本《ほん》の力《ちから》をおそれているだけなんだよ。だから、どうどうと勉強《べんきょう》すればいいんだ。」

それでも、安全《あんぜん》のためにかくれて登下校《とうげこう》しよう、ということになりました。教科書《きょうかしょ》やノートはスカーフの中《なか》にかくし、制服《せいふく》ではなく地味《じみ》な服《ふく》を着《き》るのです。野外学習《やがいがくしゅう》をかねた遠足《えんそく》もなくなりました。青空《あおぞら》の下《した》でお弁当《べんとう》を食《た》べながら、マリヤム先生《せんせい》やお父《とう》さんが、古《ふる》い遺跡《いせき》の由来《ゆらい》や植物《しょくぶつ》の名前《なまえ》、土《つち》の中《なか》にいる微生物《びせいぶつ》について説明《せつめい》してくれるという授業《じゅぎょう》です。この遠足《えんそく》を毎回心待《まいかいこころま》ちにしていたマララは、ひどく心《こころ》をいためました。

やがて、タリバンは学校《がっこう》を爆破《ばくは》するようになりました。女子校《じょしこう》や男女共学《だんじょきょうがく》の学校《がっこう》は、まっ先《さき》にねらわれます。マララのお父《とう》さんは、学校《がっこう》をうしなった子《こ》どもたちを男女《だんじょ》問わず受《う》けいれるようになりました。1年《ねん》もしないうちに、400をこえる学校《がっこう》が爆破《ばくは》され、マララの学校《がっこう》の先生《せんせい》たちの何人《なんにん》かは、「女子《じょし》に勉強《べんきょう》を教《おし》えていたら、自分《じぶん》の命《いのち》もあぶない。」と言《い》って、やめていきました。生徒《せいと》の数《かず》も半分《はんぶん》になりました。

そんなある日《ひ》、お父《とう》さんに1本《ぽん》の電話《でんわ》がかかってきました。

外国《がいこく》のラジオ局《きょく》の通信員《つうしんいん》をしている、お父《とう》さんの友人《ゆうじん》からでした。

「だれか、ラジオ局《きょく》のウェブサイトに、日記《にっき》を書《か》いてくれる女《おんな》の人《ひと》はいないかな？　女性《じょせい》教師《きょうし》でも、女子《じょし》生徒《せいと》でもいい。タリバンに支配《しはい》され、学《まな》ぶことをゆるされない女《おんな》の子《こ》たちのことを紹介《しょうかい》したいんだ。」

もちろんそんな危険《きけん》なことをやりたがる生徒《せいと》も先生《せんせい》もいません。大人《おとな》でさえ、タリバンのことを口《くち》に出《だ》すことをいやがります。自分《じぶん》の命《いのち》を守《まも》るために、子《こ》どもたちをタリバンに入団《にゅうだん》させる人《ひと》もいれば、だまっていいなりになっている人《ひと》もいました。お金持《かねも》ちは、とっくの昔《むかし》にスワートからにげだしています。だれもがタリバンに目《め》をつけられたくないと思《おも》っていました。

マララは、伝説《でんせつ》の女性《じょせい》「マラライ」のことを思《おも》いだしました。勇気《ゆうき》ある言葉《ことば》で、男《おとこ》たちをふるいたたせた女性《じょせい》です。そしてしぜんと、こんな思《おも》いがこみあげてきました。

（わたしも、マラライのように戦《たたか》わなきゃ。）

思《おも》いたったらだまっていられないマララは、すぐに両親《りょうしん》に気持《きも》ちをつたえました。

「わたし、ここで起《お》きていることを世界中《せかいじゅう》の人《ひと》たちにつたえたい。ファズルラーみたいな人間《にんげん》がなにもかも破壊《はかい》できるなら、たったひとりの女《おんな》の子《こ》だって、それをかえることができるよね。」

しばらくだまっていましたが、お父《とう》さんも、そしてお母《かあ》さんも、最後《さいご》には笑顔《えがお》でこう言《い》ってくれました。

「マララは自由《じゆう》に生《い》きる権利《けんり》がある。やりたいようにやりなさい。」

11才《さい》のマララは、「グル・マカイ」というペンネームで、ラジオのウェブサイトに日記《にっき》を公開《こうかい》するようになりました。タリバンに見《み》つからないよう、ビクビクしながら学校《がっこう》に通《かよ》っていること、政府軍《せいふぐん》が来《き》てからも、タリバンの悪行《あくぎょう》はおさまるどころかなぜかエスカレートしていること、などです。夜中《よなか》に学校《がっこう》が爆破《ばくは》される音《おと》で目《め》ざめることや、制服《せいふく》を着《き》たいのに、地味《じみ》なかっこうをしなければいけないことも書《か》きました。たまに、ラジオのパーソナリティが、その日記《にっき》を朗読《ろうどく》してくれることもあります。

「グル・マカイ」の日記《にっき》は、すぐに外国《がいこく》の新聞《しんぶん》やテレビでもとりあげられ、タリバンを批判《ひはん》する声《こえ》は強《つよ》くなっていきました。暗《くら》い毎日《まいにち》を送《おく》っていたマララの心《こころ》に、光《ひかり》がさしはじめました。大勢《おおぜい》の人《ひと》が、タリバンのしていることに疑問《ぎもん》をもちはじめたのです。

（言葉《ことば》は、どんな戦車《せんしゃ》や銃《じゅう》よりも強《つよ》い力《ちから》をもっているんだ。これがわたしの武器《ぶき》かもしれない。）

マララは、女性《じょせい》や子《こ》どもの権利《けんり》のため、戦《たたか》っていくことを決《き》めました。日記《にっき》が投稿《とうこう》された数《すう》か月《げつ》の間《あいだ》、学校《がっこう》では正体不明《しょうたいふめい》の女子生徒《じょしせいと》のうわさでもちきりです。うちあけることができないマララは、こまってしまうほどでした。

しかし2009年《ねん》、タリバンによって、すべての女子校《じょしこう》が閉鎖《へいさ》されました。学校《がっこう》をうしなったマララは、国内外《こくないがい》のテレビがスワートに取材《しゅざい》に来《く》れば、自《みず》らインタビューに答《こた》え、タリバンのことをどうどうと非難《ひなん》しました。

「タリバンはわたしたちから学校《がっこう》をうばったけれど、学《まな》びたいという気持《きも》ちをうばうことはできませんでした。家《いえ》でもどこでも、わたしたちは勉強《べんきょう》をつづけます！　世界中《せかいじゅう》のみなさん、スワートに力《ちから》をかしてください。政府《せいふ》は、なかなかタリバンを逮捕《たいほ》しようとしません。」

マララは一気《いっき》に有名《ゆうめい》になり、スワート以外《いがい》の都市《とし》からも、スピーチをしてほしいとたのまれるようになりました。たくさんのテレビ番組《ばんぐみ》からも、ゲストとしてよばれました。

これまでスワートを出《で》たことのなかった少女《しょうじょ》は、発言《はつげん》の機会《きかい》があたえられれば、どこへでも出《で》かけていき、教育《きょういく》の大切《たいせつ》さや平和《へいわ》についてうったえます。

「タリバンは、女子《じょし》の教育《きょういく》はイスラム教《きょう》の教《おし》えに反《はん》すると言《い》ったり、たくさんの人《ひと》を殺《ころ》したりしています。しかし、コーランには『知識《ちしき》をえ

2012年《ねん》、14才《さい》になったマララ。積極的《せっきょくてき》にスワートの現実《げんじつ》を発信《はっしん》していた。

よ。しっかり学《まな》び、世《よ》の中《なか》の謎《なぞ》を解明《かいめい》せよ。』と書《か》いてあるのです。また、『人間《にんげん》ひとりを殺《ころ》すことは、全人類《ぜんじんるい》を殺《ころ》すことだ。』とも書《か》いてあります。彼《かれ》らは、イスラム教《きょう》を都合《つごう》のいいように利用《りよう》し、わたしたちを支配《しはい》したいだけなのです！」

マララの活動《かつどう》は大《おお》きな反響《はんきょう》をよびました。「女《おんな》の子《こ》から教育《きょういく》をうばうなんて最低《さいてい》だ。」という非難《ひなん》が国中《くにじゅう》で爆発《ばくはつ》したのです。ファズルラーはしぶしぶ、10才《さい》までの女子《じょし》なら学校《がっこう》に行《い》ってもいい、と発表《はっぴょう》しました。1か月《げつ》ぶりに学校《がっこう》は再開《さいかい》され、11才《さい》のマララは10才《さい》のふりをして学校《がっこう》に通《かよ》うことになりました。学《まな》ぶことができないつらさを味《あじ》わったマララは、これまで以上《いじょう》に一生懸命勉強《いっしょうけんめいべんきょう》しました。

でも、タリバンの勢《いきお》いはおさまらず、それからの数年間《すうねんかん》は、毎日《まいにち》が地獄《じごく》のようでした。政府軍《せいふぐん》とタリバンが街《まち》ではげしく銃《じゅう》をうちあい、自爆《じばく》テロもひんぱんに起《お》きるようになったので、学校《がっこう》に通《かよ》うどころではなくなりました。たくさんの男性《だんせい》がタリバンにつれさられ、殺《ころ》され、その妻《つま》や子《こ》どもたちは生活《せいかつ》できなくなりました。

マララは、政治家《せいじか》や軍隊《ぐんたい》の人《ひと》に直接会《ちょくせつあ》いに行《い》き、タリバンを裁判《さいばん》にかけてほしい、子《こ》どもたちが安心《あんしん》して勉強《べんきょう》できるような環境《かんきょう》を整《ととの》えてほしい、とうったえつづけました。あいかわらずテレビにも出演《しゅつえん》し、スワートの現状《げんじょう》を世界《せかい》に発信《はっしん》していました。

　マララのお母《かあ》さんは、マララの活動《かつどう》に賛成《さんせい》でしたが、テレビに出演《しゅつえん》するときだけは、生《い》きたここちがしませんでした。マララは、頭《あたま》にスカーフをかぶるだけで、顔《かお》をおおいかくそうとはしなかったからです。外国《がいこく》から、マララの活動《かつどう》を表彰《ひょうしょう》したい、という知《し》らせを受《う》けたときも、「賞《しょう》なんかもらって、これ以上有名《いじょうゆうめい》にならないでちょうだい。」とないてしまいました。タリバンを批判《ひはん》する人《ひと》たちは、ほとんど殺《ころ》されていたからです。

　２０１２年《ねん》１月《がつ》、お母《かあ》さんのおそれていたことは、現実《げんじつ》になってしまいました。タリバンがウェブサイトに、マララの殺害予告《さつがいよこく》を発表《はっぴょう》したのです。心配《しんぱい》する両親《りょうしん》は、「しばらくはだまって安全《あんぜん》な所《ところ》にいよう。」と説得《せっとく》しますが、マララは首《くび》を縦《たて》にふりません。

「だまっていても、いつかは殺《ころ》される。それなら、わたしは声《こえ》をあげて殺《ころ》されたい。たとえ殺《ころ》されてしまっても、わたしの声《こえ》で立《た》ちあがった人《ひと》たちが、もっと大《おお》きな声《こえ》をあげてくれるでしょ。」

　マララはかわらず活動《かつどう》をつづけましたが、ほんとうはいつも恐怖《きょうふ》と戦《たたか》っていました。ねる前《まえ》には家中《いえじゅう》の鍵《かぎ》がしまっているかを確認《かくにん》し、神様《かみさま》に何度《なんど》もおいのりし、コーランを暗唱《あんしょう》しました。「死《し》んだら、どこに行《い》くんですか？」と問《と》いかけてもみました。

マララは、ふつうの女《おんな》の子《こ》です。おしゃれに興味《きょうみ》があるし、長《なが》くのばした髪《かみ》を整《ととの》えながら、長《なが》いこと鏡《かがみ》とにらめっこだってします。早起《はやお》きが苦手《にがて》で、宿題《しゅくだい》をうっかりわすれることもあります。それなのに、死《し》を覚悟《かくご》しながら生《い》きなければならない毎日《まいにち》でした。

2012年《ねん》10月9日《がっここのか》、この日《ひ》はテスト期間《きかん》だったので、マララたちはいつもより早《はや》く下校《げこう》することになりました。スクールバスは、大《おお》きなワンボックスカーにベンチのような座席《ざせき》をならべただけのかんたんなつくりで、ドアもとりはずされています。そこに、生徒《せいと》20人《にん》と教師《きょうし》3人《にん》が乗《の》りこみ、出発《しゅっぱつ》しました。マララとモニバはいつものようにならんですわり、すきな映画《えいが》や俳優《はいゆう》の話《はなし》でもりあがっていました。通《とお》りすぎる街《まち》の屋台《やたい》からは、パンやケバブがやけるこうばしいにおいが流《なが》れてきます。

いつもとかわらない帰《かえ》り道《みち》は、キキーッ！というブレーキ音《おん》とともに悲劇《ひげき》の舞台《ぶたい》にかわってしまいます。

びっくりして前《まえ》を見《み》ると、男《おとこ》が道《みち》にとびだしてきたのだとわかりました。マララがそれに気《き》をとられていたときです。後部座席《こうぶざせき》に、銃《じゅう》を持《も》ったわかい男《おとこ》がとびのってきました。

「どいつがマララだ。」

この言葉《ことば》を聞《き》いたのを最後《さいご》に、マララの記憶《きおく》はとだえました。

それはあまりに一瞬《いっしゅん》のことだったのです。男《おとこ》は、マララを見《み》つけるなり、銃《じゅう》を3発放《ぱつはな》ったのです。1発目《ぱつめ》はマララの左側頭部《ひだりそくとうぶ》に、あとの2発《はつ》は、そばにいた友《とも》だちふたりの肩《かた》やうでに当《あ》たりました。ふたりはなんとか無事《ぶじ》でしたが、頭《あたま》をうたれたマララは、血《ち》まみれでモニバのひざの上《うえ》にたおれていました。

『15才《さい》の少女《しょうじょ》、教育《きょういく》の権利《けんり》をうったえ、タリバンにうたれる。』

このニュースは、またたく間《ま》に世界中《せかいじゅう》をかけめぐり、人《ひと》びとに、たいへんなショックをあたえました。

マララの無事《ぶじ》をいのるパキスタンの子《こ》どもたち。

世界《せかい》のあちこちで、マララのためにいのりがささげられました。たくさんの人《ひと》たちが、マララの写真《しゃしん》をかかげながら、タリバンに対《たい》する怒《いか》りを表《あらわ》しました。テレビでも、連日《れんじつ》この光景《こうけい》が流《なが》されることになりました。

マララが目《め》をさましたのは、パキスタンから何千《なんぜん》キロもはなれたイギリスの病院《びょういん》でした。タリバンにうたれた日《ひ》から、1週間後《しゅうかんご》のことです。

(わたし、生《い》きてるの？)

顔《かお》の筋肉《きんにく》は思《おも》うように動《うご》かせませんでしたが、涙《なみだ》は、目《め》から勝手《かって》に流《なが》れてきました。

これは、奇跡《きせき》以外《いがい》のなにものでもありません。頭《あたま》にうちこまれた銃弾《じゅうだん》が、脳《のう》を外《はず》れていたため、マララはなんとか命《いのち》をとりとめました。それでもひどい重体《じゅうたい》なので、設備《せつび》が整《ととの》ったイギリスの病院《びょういん》に送《おく》られたのでした。

家族《かぞく》もイギリスにかけつけました。両親《りょうしん》は、涙《なみだ》を流《なが》して、ベッドに横《よこ》たわるマララの手《て》にキスをしました。いつもはけんかばかりの弟《おとうと》たちも、目《め》をさましたマララに会《あ》えて、大《おお》よろこびです。

すばらしいことがつづきました。あるジャーナリストが、世界中《せかいじゅう》からよせられたメッセージカードをとどけてくれました。カードの数《かず》は8000通《つう》にもなり、マララの活動《かつどう》を応援《おうえん》する言葉《ことば》や、早《はや》く元気《げんき》になってとはげます言葉《ことば》が書《か》きこまれていました。映画《えいが》スターや各国《かっこく》の大臣《だいじん》、子《こ》どもから老人《ろうじん》まで、みんながマララを見守《みまも》ってくれていました。

恐怖《きょうふ》と戦《たたか》いながら、でも、どうしても大切《たいせつ》なものを守《まも》りたかった。そして学《まな》びたかった。マララが必死《ひっし》であげた声《こえ》は、世界中《せかいじゅう》の人《ひと》にとどいていたのです。

死《し》んでもおかしくなかった自分《じぶん》が、もう一度《いちど》生かされたことには意味《いみ》がある、と感《かん》じたマララは、病院《びょういん》のベッドの上《うえ》で、こう決意《けつい》しました。

(第二《だいに》の人生《じんせい》は、同《おな》じように苦《くる》しんでいる人《ひと》びとをすくうために使《つか》おう。)

2013年《ねん》7月《がつ》12日《にち》。16才《さい》の誕生日《たんじょうび》に、マララはニューヨークの国連本部《こくれんほんぶ》にいました。各国《かっこく》の代表者《だいひょうしゃ》たちを前《まえ》に、スピーチを行《おこな》うためです。会場《かいじょう》にいる400人《にん》だけでなく、世《せ》界中《かいじゅう》の人《ひと》にマララのメッセージをとどけるチャンスです。

「わたしはマララです。」

と、マララはゆっくり語《かた》りだしました。すべての子《こ》どもたちには教育《きょういく》を受《う》ける権利《けんり》があって、教育《きょういく》には平和《へいわ》が必要《ひつよう》なこと、女性《じょせい》であろうが子《こ》どもであろうが、自分《じぶん》の権利《けんり》のためには、勇気《ゆうき》をもって声《こえ》をあげなければいけないこと。

国連本部《こくれんほんぶ》で演説《えんぜつ》する16才《さい》のマララ。

そして、スピーチの最後《さいご》は、こうしめくくりました。

「ひとりの子《こ》ども、ひとりの教師《きょうし》、1冊《さつ》の本《ほん》、そして1本《ぽん》のペンが世界《せかい》をかえるのです。教育《きょういく》こそ、ただひとつの解決策《かいけつさく》です。まず、教育《きょういく》を！」

会場《かいじょう》にいる全員《ぜんいん》が、立《た》ちあがって大《おお》きな拍手《はくしゅ》をおくりました。ひとりの少女《しょうじょ》の声《こえ》が、大《おお》勢《ぜい》の声《こえ》になった瞬間《しゅんかん》です。

マララは、あの襲撃後《しゅうげきご》、世界中《せかいじゅう》からよせられた寄付金《きふきん》を使《つか》って、「マララ基金《ききん》」という組織《そしき》を立《た》ちあげました。少女《しょうじょ》たちの就学《しゅうがく》を支援《しえん》するものです。

2015年《ねん》には、何年《なんねん》もはげしい内戦《ないせん》がつづくシリアからのがれ、難民《なんみん》として、教育《きょういく》を受《う》ける機会《きかい》もなく生活《せいかつ》する少女《しょうじょ》たちのために、となりの国《くに》レバノンの、シリア国境近《こっきょうちか》くに学校《がっこう》をつくりました。

タリバンや、同《おな》じように宗教《しゅうきょう》を利用《りよう》したテロ組織《そしき》、またあのファズルラーも、いまもテロ活動《かつどう》をつづけています。でも、マララは、ひとりの少女《しょうじょ》でも世界《せかい》をかえられるということを、身《み》をもってわたしたちにしめしてくれました。そして、これからも教育《きょういく》のため、女《じょ》性《せい》の権利《けんり》のために、自分《じぶん》の言葉《ことば》と勇気《ゆうき》を武器《ぶき》に、戦《たたか》っていくのでしょう。

平和《へいわ》をうったえる もうひとりの少女《しょうじょ》

ナビラ・レフマン

パキスタンで、傷《きず》つけられ、教育《きょういく》の場《ば》をうばわれているのは、マララ・ユスフザイだけではありません。

2012年《ねん》、9才《さい》のナビラ・レフマンは、アメリカ軍《ぐん》の無人機《むじんき》が発射《はっしゃ》したミサイルに、ふきとばされました。いっしょにいた祖母《そぼ》は亡《な》くなり、ナビラもきょうだいたちも、大《おお》けがをしました。この無人機《むじんき》は、タリバンを攻撃《こうげき》するはずのもの。あやまって、畑仕事《はたけしごと》をしていた、ナビラたちを傷《きず》つけたのです。

2013年《ねん》、ナビラは、無人機《むじんき》での攻撃《こうげき》をやめてほしいと、アメリカの議会《ぎかい》でうったえました。でも、なにもかわりませんでした。ふるさとは、タリバンとパキスタン軍《ぐん》、アメリカ軍《ぐん》との戦場《せんじょう》になり、ナビラは家《いえ》から避難《ひなん》し、学校《がっこう》にも行《い》けなくなりました。そしていまも、無人機《むじんき》やミサイル、多《おお》くの武器《ぶき》に、たくさんのお金《かね》が使《つか》われつづけています。そのお金《かね》を教育《きょういく》に使《つか》ってほしい、そうしたら平和《へいわ》になるのに。強《つよ》い思《おも》いを胸《むね》に、ナビラは言《い》います。「将来《しょうらい》は弁護士《べんごし》になって、周囲《しゅうい》の人《ひと》たちを助《たす》け、学校《がっこう》をつくりたい。」まだ声《こえ》は小《ちい》さくても、マララのように注目《ちゅうもく》はされなくても、大人《おとな》になったらどうしたいのか、なにができるのか。未来《みらい》を見《み》つめながら、ナビラは歩《あゆ》んでいます。

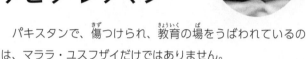

原爆《げんばく》の子《こ》の像《ぞう》。
少女《しょうじょ》のモデルは
佐々木《ささき》禎子《さだこ》さん。

世界《せかい》をつなぐ 原爆《げんばく》の子《こ》の像《ぞう》

1958年《ねん》5月《がつ》
「原爆《げんばく》の子《こ》の像《ぞう》」完成《かんせい》

神戸万知《ごうどまち》・文《ぶん》

原子爆弾《げんしばくだん》は、落《お》とされたそのときだけでなく、長《なが》い時間《じかん》をかけて多《おお》くの命《いのち》をうばいます。2才《さい》で被爆《ひばく》し、そのあと10年《ねん》をすぎてから亡《な》くなった佐々木禎子《ささきさだこ》さんのように。禎《さだ》子《こ》さんが折《お》りづるにこめた願《ねが》いは、日本全国《にほんぜんこく》に、そして世界《せかい》へと今《いま》も広《ひろ》がっています。

折《お》り紙《がみ》でつるをおったことがありますか？　きっと多《おお》くの日本人《にほんじん》が「はい」と答《こた》えるでしょう。

広島《ひろしま》の平和記念公園《へいわきねんこうえん》には、日本各地《にほんかくち》や海外《かいがい》からおくられた、とてもたくさんの折《お》りづる（千羽《せんば》づる）が展示《てんじ》してあります。そして、その中心《ちゅうしん》には、折《お》りづるを空《そら》にかかげた少女《しょうじょ》の像《ぞう》があります。広島《ひろしま》と折《お》りづると少女《しょうじょ》……。いったいどのようなつながりがあるのでしょうか。

1945年《ねん》8月6日《がつむいか》の朝《あさ》、広島市《ひろしまし》は晴《は》れていました。午前《ごぜん》7時《じ》9分《ふん》に空襲警報《くうしゅうけいほう》が鳴《な》ったものの、すぐに解除《かいじょ》され、人《ひと》びとはいつもどおりに生《せい》活《かつ》を始《はじ》めていました。

ところが、午前《ごぜん》8時《じ》15分《ふん》のことです。

ピカッ！

とつぜん、目《め》もくらむほどのまぶしい光《ひかり》があらわれました。

ドン！

つづいて、すさまじい音《おと》とともに爆風《ばくふう》がまきおこりました。

人類史上《じんるいしじょう》はじめての原子爆弾《げんしばくだん》（原爆《げんばく》）が、広島市《ひろしまし》に落《お》とされたのです。

原爆《げんばく》は、上空《じょうくう》６００メートルで、さくれつしました。爆発《ばくはつ》でできた火《ひ》の玉《たま》は、中心《ちゅうしん》の温《おん》度《ど》が１００万度《まんど》をこえました。火《ひ》の玉《たま》から出《で》た熱線《ねっせん》によって、そのま下《した》の爆心地《ばくしんち》（原爆《げんばく》が落《お》ちた中心地《ちゅうしんち》）は、地表《ちひょう》の温度《おんど》が３０００度《ど》から４０００度《ど》になりました。鉄《てつ》がとける温度《おんど》が１５００度《ど》ですから、想像《そうぞう》をぜっする熱《あつ》さです。

爆発《ばくはつ》によって、ものすごい爆風《ばくふう》も発生《はっせい》しました。爆心地《ばくしんち》では、１平方《へいほう》メートルあたり35トンという、強大《きょうだい》な圧力《あつりょく》がかかり、半径《はんけい》２キロ以内《いない》の木造家屋《もくぞうかおく》はほとんど倒壊《とうかい》しました。爆心地《ばくしんち》から１キロ先《さき》の広島城《ひろしまじょう》も天守閣《てんしゅかく》がふきとびました。あたりにつぎつぎと炎《ほのお》が上《あ》がって火事《かじ》となり、半径《はんけい》２キロの地域《ちいき》はなにもかももやしつくされました。

当時《とうじ》２才《さい》だった佐々木禎子《ささきさだこ》さんは、爆心地《ばくしんち》から１・６キロはなれた自宅《じたく》の１階《かい》で、お母《かあ》さん、おばあさん、お兄《にい》さんといっしょに朝《あさ》ごはんを食《た》べていました。お父《とう》さんは兵隊《へいたい》にとられ、家《いえ》にはいませんでした。

そのとき、まぶしい光《ひかり》と、大《おお》きな音《おと》とともに、あっという間《ま》に家《いえ》がくずれました。なにが起《お》きたのか、さっぱりわからないまま、お母《かあ》さんは子《こ》どもたちをさがしました。お兄《にい》さんは、ちゃぶ台《だい》の下《した》にもぐっていました。おばあさんも無事《ぶじ》でした。

「禎子《さだこ》！　禎子《さだこ》！　どこにいるの？」

「わーん、わーん！」

禎子《さだこ》さんは、土間《どま》までとばされ、家《いえ》の2階《かい》にあったはずのみかん箱《ばこ》の上《うえ》にちょこんとすわってないていました。でも、奇跡的《きせきてき》にやけども傷《きず》も負《お》ってはいませんでした。

まわりの家《いえ》もみんなくずれていました。けがをした人《ひと》がたくさんいます。光《ひかり》をじかに見《み》て目《め》がつぶれた人《ひと》、熱線《ねっせん》をあびて顔《かお》や手《て》の皮《かわ》がずるりとむけている人《ひと》、家《いえ》の下《した》じきになった人《ひと》……。目《め》の前《まえ》には、悪夢《あくむ》としか思《おも》えない光景《こうけい》が広《ひろ》がっていました。

「だれか、助《たす》けて。」

「いたいよう、熱《あつ》いよう。」

「ううう、ううう……。」

右《みぎ》からも左《ひだり》からも、苦《くる》しそうな声《こえ》が聞《き》こえます。

けれど、すぐにあちこちで火事《かじ》が起《お》こり、禎子《さだこ》さんとお兄《にい》さんは、お母《かあ》さんにつれられて川《かわ》に向《む》かってにげました。おばあさんは、忘《わす》れ物《もの》をとりに引《ひ》きかえしたため、火事《かじ》にまきこまれてしまいました。

やがて禎子《さだこ》さんたちは、川《かわ》に着《つ》き、火事《かじ》をさけるために小《ちい》さな船《ふね》に乗《の》せてもらいました。

とちゅうで、雨《あめ》がふりました。

粘《ねば》りのある黒《くろ》い雨《あめ》は、禎子《さだこ》さんの顔《かお》も体《からだ》もまっ黒《くろ》にそめてしまいました……。

当時《とうじ》、広島市内《ひろしましない》には約《やく》35万人《まんにん》がくらしていました。しかし、8月6日《がつむいか》に落《お》とされた一発《いっぱつ》の原爆《げんばく》で、その年《とし》の12月《がつ》までに14万人《まんにん》が命《いのち》を落《お》としました。禎子《さだこ》さんの親戚《しんせき》も、12人《にん》亡《な》くなりました。

広島《ひろしま》に原爆《げんばく》が落《お》とされた9日後《ここのかご》、戦争《せんそう》は終《お》わりました。お父《とう》さんも戦地《せんち》から帰《かえ》ってき

広島市《ひろしまし》の中心部《ちゅうしんぶ》に落《お》とされた原子爆弾《げんしばくだん》によってできたきのこ雲《ぐも》。
雲《くも》の高《たか》さはおよそ16キロにたっした（1945年《ねん》8月《がつ》6日《むいか》撮影《さつえい》）。

て、住《す》むところ、食《た》べるもの、またいちから生活《せいかつ》を立《た》てなおしました。

妹《いもうと》と弟《おとうと》も生《う》まれます。禎子《さだこ》さんは面倒見《めんどうみ》のいい、やさしいお姉《ねえ》ちゃんでした。

禎子《さだこ》さんは元気《げんき》いっぱいに育《そだ》ちました。体《からだ》は小《ちい》さかったのですが、運動《うんどう》が得意《とくい》で、かけっこでは学年一《がくねんいち》でした。運動会《うんどうかい》では、もちろんリレーの選手《せんしゅ》。小学《しょうがく》6年生《ねんせい》のときも、秋《あき》の大運動会《だいうんどうかい》で1位《い》になりました。

禎子《さだこ》さんの具合《ぐあい》が悪《わる》くなったのは、その運動会《うんどうかい》のすぐあとでした。

1954年《ねん》11月《がつ》、禎子《さだこ》さんはかぜをひいて、両《りょう》あごのリンパ腺《せん》がはれました。ところが、かぜがなおっても、はれが引《ひ》きません。医院《いいん》で治療《ちりょう》を受《う》けましたが、年《とし》が明《あ》けても、はれは引《ひ》きませんでした。

「ABCC《エービーシーシー》（原爆傷害調査委員会《げんばくしょうがいちょうさいいんかい》）でも検査《けんさ》を受《う》けてくれませんか。」

医院《いいん》の先生《せんせい》が言《い》いました。「ABCC《エービーシーシー》」というのは、被爆《ひばく》した人《ひと》への放射線《ほうしゃせん》の影響《えいきょう》を定《てい》

リレー選手《せんしゅ》にえらばれた禎子《さだこ》さん（前列《ぜんれつ》の中央《ちゅうおう》）。

期的《きてき》に調査《ちょうさ》するところです。禎子《さだこ》さんは、この年《とし》の6月《がつ》にも検査《けんさ》をしましたが、なんの異《い》常《じょう》も見《み》つかりませんでした。

1955年《ねん》2月《がつ》18日《にち》、お父《とう》さんは医院《いいん》へ検査《けんさ》の結果《けっか》を聞《き》きに行《い》きました。

「先生《せんせい》、うちの禎子《さだこ》はどうなんでしょう?」

「白血球《はっけっきゅう》の数値《すうち》がたいへん高《たか》くなっています。禎子《さだこ》さんは……白血病《はっけつびょう》です。血液《けつえき》のがんともよばれる病気《びょうき》です。」

先生《せんせい》は、言《い》いにくそうに答《こた》えました。

「それで、なおるんでしょうか?」

「禎子《さだこ》さんの命《いのち》は……あと3か月《げつ》……もっても1年《ねん》といったところです。」

「そ、そんな……。」

白血病《はっけつびょう》になると、血液中《けつえきちゅう》にがん細胞《さいぼう》がどんどんふえて、血《ち》が止《と》まりにくくなります。細《さい》菌《きん》やウイルスへの抵抗力《ていこうりょく》が落《お》ちていき、ちょっとしたかぜでも命《いのち》の危険《きけん》にさらされます。

「禎子《さだこ》さんは2才《さい》のときに被爆《ひばく》しましたね。そのときの放射性物質《ほうしゃせいぶっしつ》の影響《えいきょう》で、白血病《はっけつびょう》になったのだと思《おも》います。」

「原爆症《げんばくしょう》、ということですか？　禎子《さだこ》は、けがも、やけどもしなかったのに！」

原爆《げんばく》が落《お》ちたあと、禎子《さだこ》さんは「黒《くろ》い雨《あめ》」に打《う》たれました。じつは、この雨《あめ》には、高《たか》い濃度《のうど》の放射性物質《ほうしゃせいぶっしつ》がふくまれていたのです。白血病《はっけつびょう》は、この雨《あめ》が原因《げんいん》のひとつではないかとされています。

雨《あめ》に当《あ》たった直後《ちょくご》、髪《かみ》の毛《け》がぬけたり、歯《は》ぐきから血《ち》が出《で》たり、げりをしたりして、具合《ぐあい》が悪《わる》くなる人《ひと》も多《おお》くいました。

こういった症状《しょうじょう》は、当時《とうじ》の禎子《さだこ》さんには出《で》ませんでした。放射性物質《ほうしゃせいぶっしつ》は、禎子《さだこ》さんの体《からだ》の中《なか》に10年間《ねんかん》ひそみ、がん細胞《さいぼう》をふやす準備《じゅんび》を整《ととの》えながら、表《おもて》に顔《かお》を出《だ》すときを待《ま》っていたのでしょう。

禎子《さだこ》さんは入院《にゅういん》することになりました。

お父《とう》さんは、禎子《さだこ》さんに原爆症《げんばくしょう》とは言《い》わず、こう話《はな》しました。

「リンパ腺《せん》の病気《びょうき》だそうだ。きっとすぐになおるよ。」

学校《がっこう》では、担任《たんにん》の先生《せんせい》が、同級生《どうきゅうせい》たちに禎子《さだこ》さんのことをつたえました。

「佐々木禎子《ささきさだこ》さんは入院《にゅういん》することになった。白血病《はっけつびょう》という病気《びょうき》で、あと3か月《げつ》、長《なが》くても1年《ねん》しか生《い》きられないと、お医者《いしゃ》さんに言《い》われている。」

「えっ！」

生徒《せいと》たちはあまりのことにおどろき、言葉《ことば》をうしないました。

「みんな、おみまいに行《い》ってあげてくれ。ただし、佐々木《ささき》さんには、白血病《はっけつびょう》とは言《い》わずに、リンパ腺《せん》の病気《びょうき》と言《い》ってほしい。いつもどおりにふるまって、はげましてやるんだぞ。」

先生《せんせい》は「原爆症《げんばくしょう》」という言葉《ことば》は使《つか》いませんでした。この組《くみ》には、ほかにも15人《にん》、被爆《ひばく》をした児童《じどう》がいて、その子《こ》たちを不安《ふあん》にさせたくなかったのです。けれど、禎子《さだこ》さんが「原《げん》爆症《ばくしょう》」という話《はなし》は、あっという間《ま》に広《ひろ》まりました。

同級生《どうきゅうせい》たちは、グループに分《わ》かれて、おみまいの予定《よてい》を決《き》めました。

「禎子《さだこ》ちゃん、具合《ぐあい》どう？　早《はや》くよくなるといいね。」

「ありがとう。勉強《べんきょう》、進《すす》んでる？　もうすぐ中学《ちゅうがく》だから、おくれたくないな。」

禎子《さだこ》さんは、ベッドの上《うえ》で教科書《きょうかしょ》を開《ひら》いて勉強《べんきょう》をしたり、本《ほん》を読《よ》んだりしていました。

小学校《しょうがっこう》の卒業式《そつぎょうしき》の2日前《ふつかまえ》、禎子《さだこ》さんの同級生《どうきゅうせい》たちは、「団結《だんけつ》の会《かい》」をつくりました。卒業《そつぎょう》したら、みんなが同《おな》じ中学校《ちゅうがっこう》に入学《にゅうがく》するわけでもなく、たとえ同《おな》じ中学校《ちゅうがっこう》でもクラスはばらばらになってしまうでしょう。それでも、禎子《さだこ》さんのおみまいをつづけるためです。

広島《ひろしま》の子《こ》どもにとって、禎子《さだこ》さんの病気《びょうき》は、ひとごとではありませんでした。いつなんどき、自分《じぶん》にふりかかってもおかしくないのです。

8月《がつ》のはじめごろ、名古屋《なごや》から病院《びょういん》の原爆症患者《げんばくしょうかんじゃ》あてに千羽《せんば》づるがとどきました。看護《かんご》婦《ふ》さんは、禎子《さだこ》さんにも千羽《せんば》づるを持《も》っていきました。

「禎子《さだこ》さん、おみまいの千羽《せんば》づるがおくられてきたから、どうぞ。」

「ありがとうございます。きれい……。」

禎子《さだこ》さんは、色《いろ》とりどりの折《お》りづるを一羽一羽《いちわいちわ》見《み》つめました。

「ねえ、看護婦《かんごふ》さん、つるを千羽《せんば》おると、病気《びょうき》がなおるって、ほんとうなの？」

「ほんとうよ。禎子《さだこ》さんも、おってみたら？」

「つるは千年《せんねん》、かめは万年《まんねん》」ということわざがあるように、昔《むかし》から、つるは長生《ながい》きを表《あらわ》す生《い》き物《もの》とされています。そのため、病気《びょうき》がなおるようにつるを千羽《せんば》おったものが、おみまいにおくられてきたのです。

さっそく、禎子《さだこ》さんもつるをおりはじめました。折《お》り紙《がみ》を買《か》うのではなく、薬《くすり》のつつみ紙《がみ》、キャラメルのつつみ紙《がみ》、ほうそう紙《し》などを小《ちい》さな正方形《せいほうけい》に切《き》って使《つか》いました。

一羽一羽《いちわいちわ》、ていねいに心《こころ》をこめて、おりつづけました。いつの間《ま》にか、千羽《せんば》をこえていましたが、それでもまだ、つるをおりました。

だんだん具合《ぐあい》が悪《わる》くなり、体《からだ》がいたくて起《お》きあがれなくなっても、あおむけにねたまま、つるをおったのです。

元気《げんき》になりたい！

この強《つよ》い気持《きも》ちを、ずっと禎子《さだこ》さんはもっていました。最《さい》後《ご》まであきらめませんでした。

けれど、白血病《はっけつびょう》は、どんどん禎子《さだこ》さんの体《からだ》をむしばんでい

おみまいに来《き》たクラスの友《とも》だちと。中央《ちゅうおう》が禎子《さだこ》さん。

きました。

10月《がつ》をすぎると、40度《ど》をこえる高熱《こうねつ》がつづくようになりました。

そして10月《がつ》25日《にち》の朝《あさ》、禎子《さだこ》さんは危篤《きとく》となりました。そばにいたお母《かあ》さんは、すぐにお父《とう》さんに電話《でんわ》をして、お兄《にい》さん、妹《いもうと》、弟《おとうと》も病室《びょうしつ》にかけつけました。それだけではありません。「団結《だんけつ》の会《かい》」の同級生《どうきゅうせい》たちも、中間《ちゅうかん》テストを放《ほう》りだして、病院《びょういん》に向《む》かいました。

「禎子《さだこ》、なにか食《た》べないか？　ほしいものは？」

「お茶《ちゃ》づけが食《た》べたいな。」

そこでお茶《ちゃ》づけを用意《ようい》して、お父《とう》さんが、禎子《さだこ》さんの口《くち》にひとさじ、ふくませました。

「おいしいか、禎子《さだこ》？」

「おいしい……。」

これが最期《さいご》の言葉《ことば》となりました。みんなに見守《みまも》られ、禎子《さだこ》さんはねむるように息《いき》を引《ひ》きとりました。

お葬式《そうしき》のとき、禎子《さだこ》さんのおったつるは、同級生《どうきゅうせい》たちに配《くば》られました。学校《がっこう》が大《だい》すきで、中学《ちゅうがく》に行《い》くことをだれよりも楽《たの》しみにしていた禎子《さだこ》さんの代《か》わりに、つるをつれていってあげてほしい、とお父《とう》さんが考《かんが》えたからです。

禎子《さだこ》さんの死《し》は、「団結《だんけつ》の会《かい》」の子《こ》たちにとって、たいへんなショックでした。

「わたしたちだって、被爆《ひばく》しているんだから、いつ病気《びょうき》になって死《し》ぬかわからないよ。」

「もっとたくさんおみまいに行《い》ってあげればよかった……。」

「禎子《さだこ》ちゃんのお墓《はか》、遠《とお》いから、おまいりに行《い》けないね。」

すると、ある子《こ》が言《い》いました。

「お墓《はか》とか、記念碑《きねんひ》とか、どこか近《ちか》くにつくってあげられないかな?」

「だけど、どうやって? お金《かね》はどうするの?」

「募金活動《ぼきんかつどう》をすれば? 駅《えき》やデパートの前《まえ》とかで、よくやっている。」

すぐに「団結《だんけつ》の会《かい》」の子《こ》たちは、6年生《ねんせい》のときの先生《せんせい》に相談《そうだん》に行《い》きました。

「それはいい考《かんが》えだ。佐々木《ささき》さんも、ご家族《かぞく》も、きっとよろこんでくれるぞ。」

先生《せんせい》も賛成《さんせい》し、協力《きょうりょく》してくれることになりました。

そんなとき、河本一郎《かわもといちろう》さんという青年《せいねん》が先生《せんせい》をたずねてきました。河本《かわもと》さん自身《じしん》も被爆《ひばく》者《しゃ》で、原爆症《げんばくしょう》で亡《な》くなっていく子《こ》どものことを、日本《にっぽん》だけでなく、世界中《せかいじゅう》の人《ひと》たちに知《し》ってもらうために活動《かつどう》をしているそうです。

「禎子《さだこ》さんの記念碑《きねんひ》をたてようという動《うご》きが始《はじ》まっているのでしたら、ぜひ、原爆《げんばく》で亡《な》くなったすべての子《こ》どもたちのために『原爆《げんばく》の子《こ》の像《ぞう》』をつくりませんか？」

こうして「原爆《げんばく》の子《こ》の像《ぞう》」を平和公園《へいわこうえん》につくる運動《うんどう》が始《はじ》まりました。

まずは、ちょうど広島《ひろしま》で開《ひら》かれていた「全国中学校校長会《ぜんこくちゅうがっこうこうちょうかい》」の会場《かいじょう》の前《まえ》で、手《て》づくりのビラ2000枚《まい》を配《くば》りました。このおかげで、全国《ぜんこく》の中学生《ちゅうがくせい》や、大人《おとな》や子《こ》どもから、募金《ぼきん》やはげましの手紙《てがみ》が送《おく》られてくるようになりました。

広島市内《ひろしましない》の小《しょう》・中学校《ちゅうがっこう》と高校《こうこう》によびかけ、市内《しない》の児童《じどう》・生徒《せいと》たちによって「広島平和《ひろしまへいわ》をきずく児童《じどう》・生徒《せいと》の会《かい》」が結成《けっせい》され、募金活動《ぼきんかつどう》も行《おこな》われました。新聞《しんぶん》やラジオでとりあげられたこともあり、全国《ぜんこく》からぞくぞくと反応《はんのう》がありました。禎子《さだこ》さんの死《し》と、「原爆《げんばく》の子《こ》の像《ぞう》」運動《うんどう》を『千羽鶴《せんばづる》』という映画《えいが》にまとめる話《はなし》も決《き》まりました。ついに募金《ぼきん》も、550万円《まんえん》集《あつ》まりました。

1958年《ねん》5月5日《がついつか》の子《こ》どもの日《ひ》、全国《ぜんこく》47校《こう》の児童《じどう》・生徒《せいと》をふくめ、1万人《まんにん》の子《こ》どもが平和公園《へいわこうえん》で、完成《かんせい》した「原爆《げんばく》の子《こ》の像《ぞう》」を見《み》つめました。

両手《りょうて》を大《おお》きくかかげて、折《お》りづるを空高《そらたか》くいただく少女《しょうじょ》。

禎子《さだこ》さんが再《ふたた》び命《いのち》をえて、永遠《えいえん》に生《い》きていく存在《そんざい》になった瞬間《しゅんかん》でした。

像《ぞう》のまわりには、たくさんの千羽《せんば》づるがあります。禎子《さだこ》さんの千羽《せんば》づるは、平和《へいわ》をいのるシンボルとなったのです。

もう二度《にど》と、禎子《さだこ》さんのような苦《くる》しみを味《あじ》わう子《こ》どもが出《で》てこないように。原爆《げんばく》のない平和《へいわ》な世《よ》の中《なか》になるように……。

禎子《さだこ》さんへの追悼文集《ついとうぶんしゅう》で、同級生《どうきゅうせい》の山本清司《やまもときよし》さんはこのように書《か》いています。


……なぜ、原子兵器《げんしへいき》をつくるのだろう。なぜ、人《ひと》を殺《ころ》すものをつくるのだろう。あくまのようだ。

いまもなお、平和《へいわ》、平和《へいわ》だとさけばれているのに、へいきで兵器《へいき》の製造《せいぞう》および原水爆《げんすいばく》の実験《じっけん》がおこなわれているのだ。なんのためか、ぼくにはわからない。しかし、おおぜいの力《ちから》で、子《こ》どもの力《ちから》で、平和《へいわ》をきずきあげるのだ。平和《へいわ》は、ぼくたちがつくるものだ。まっていてはできないものだろう。佐々木《ささき》さん、ぼくたちは平和《へいわ》な日本《にっぽん》を、何年《なんねん》かかってもつくるんだよ。きみも、天国《てんごく》から見《み》ておってください。

その後《ご》、禎子《さだこ》さんの話《はなし》は世界中《せかいじゅう》に広《ひろ》がりました。

アメリカでは、カナダ出身《しゅっしん》の作家《さっか》エレノア・コアによる物語《ものがたり》『サダコと千羽鶴《せんばづる》』が、小《しょう》学校《がっこう》の授業《じゅぎょう》で使《つか》われています。オーストリアの作家《さっか》カール・ブルックナーによる物語《ものがたり》『サダコ』も、世界《せかい》22か国《こく》で翻訳《ほんやく》され、200万人《まんにん》以上《いじょう》の人《ひと》たちに読《よ》みつがれるロングセラーになっています。

2001年《ねん》に、アメリカのニューヨークで多《おお》くの人《ひと》が犠牲《ぎせい》になった同時多発《どうじたはつ》テロが起《お》こり、たくさんの人《ひと》が千羽《せんば》づるをおくりました。その後《ご》、千羽《せんば》づるには「世界平和《せかいへいわ》をいのる」という意味《いみ》がこめられていると関係者《かんけいしゃ》が知《し》り、その千羽《せんば》づるを集《あつ》めて展示《てんじ》することにしました。そして、なんとそこに、禎子《さだこ》さんのお兄《にい》さんがまねかれ、禎子《さだこ》さんの遺品《いひん》の折《お》りづるがくわえられました。

広島《ひろしま》の原爆《げんばく》とニューヨークの同時多発《どうじたはつ》テロ。時代《じだい》も国《くに》もちがいますが、犠牲者《ぎせいしゃ》の悲《かな》しみと、平和《へいわ》をいのる気持《きも》ちはいっしょです。それをつないでくれたのが、禎子《さだこ》さんの折《お》りづるでした。

禎子《さだこ》さんの折《お》りづるは、お兄《にい》さんの強《つよ》い希望《きぼう》で、太平洋戦争《たいへいようせんそう》の始《はじ》まりとなった真珠湾攻撃《しんじゅわんこうげき》の地《ち》、ハワイにもおくられました。

ハワイ州《しゅう》の小学校《しょうがっこう》では、すべての小学生《しょうがくせい》に、『サダコと千羽鶴《せんばづる》』を読《よ》むことをすすめているそうです。そのため、禎子《さだこ》さんの折《お》りづるは平和《へいわ》をねがうシンボルだと、とてもよく

同時多発《どうじたはつ》テロの追悼施設《ついとうしせつ》に展示《てんじ》された「一万羽鶴《いちまんばづる》」。

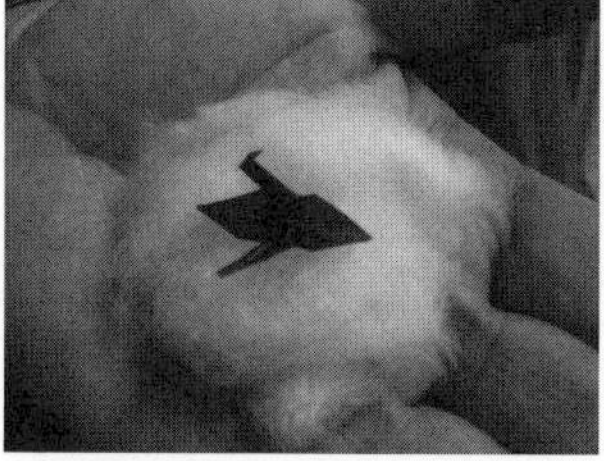

禎子《さだこ》さんがおったつる。ニューヨークのＷＴＣ《ダブリューティーシー》ビジターセンターにおくられた。

知《し》られています。

戦争《せんそう》の始《はじ》まりに被害《ひがい》を受《う》けた場所《ばしょ》、ハワイと、戦争《せんそう》の終《お》わりに被害《ひがい》を受《う》けた場所《ばしょ》、広《ひろ》島《しま》。このふたつを平和《へいわ》と友好《ゆうこう》でつないでくれたのも、禎子《さだこ》さんの折《お》りづるでした。

ほかにも、禎子《さだこ》さんの話《はなし》は、時代《じだい》を重《かさ》ねても、いろいろな形《かたち》で語《かた》りつがれています。アニメ映画《えいが》は、日本語《にほんご》、英語《えいご》、フランス語《ご》でつくられました。ミュージカル「平和《へいわ》の鳥《とり》――広《ひろ》島《しま》の遺産《いさん》 禎子《さだこ》と千羽鶴《せんばづる》」は、日本《にっぽん》のほかに、海外《かいがい》ではオランダ、ソ連《れん》(現《げん》ロシアなど)、オーストラリア、カナダ、南《みなみ》アフリカ、アメリカの6か国《こく》で上演《じょうえん》されました。とくにアメリカなどでは、学校《がっこう》で巡回上演《じゅんかいじょうえん》されています。

禎子《さだこ》さんをテーマにした音楽《おんがく》も、日本《にっぽん》では10曲《きょく》、海外《かいがい》ではソ連《れん》、モンゴル、アメリカ、ドイツ、オーストラリアなどで発表《はっぴょう》されています。

禎子《さだこ》さんの像《ぞう》があるのも、広島《ひろしま》だけではありません。アメリカのワシントン州《しゅう》シアトル市《し》には、「平和公園《へいわこうえん》」と「サダコ像《ぞう》」があります。アメリカのニューメキシコ州《しゅう》サンタフェ市《し》には、「子《こ》どもの平和像《へいわぞう》」があります。地元小学校《じもとしょうがっこう》の3年生《ねんせい》から5年生《ねんせい》の生徒《せいと》たちが、「原爆《げんばく》の子《こ》の像《ぞう》」の姉妹像《しまいぞう》をつくるために募金活動《ぼきんかつどう》を行《おこな》い、1995年《ねん》に完成《かんせい》させました。アメリカのカリフォルニア州《しゅう》サンタバーバラ市《し》にも、1995年《ねん》に「サダコ平和庭《へいわてい》園《えん》」がつくられました。

アメリカは、原爆《げんばく》を落《お》とした国《くに》です。戦争《せんそう》を終《お》えるために原爆《げんばく》は必要《ひつよう》だったと言《い》う人《ひと》もいます。いっぽうで、原爆《げんばく》の被害者《ひがいしゃ》の死《し》を悲《かな》しみ、平和《へいわ》をいのって、記念《きねん》の公園《こうえん》や像《ぞう》をつくってくれる人《ひと》たちもいます。

禎子《さだこ》さんのお兄《にい》さんは、アメリカで高校生《こうこうせい》と交流《こうりゅう》したときに、どうしてアメリカをうらまないのかと聞《き》かれ、こう答《こた》えました。

「被爆者《ひばくしゃ》のわたしがアメリカに『うらみ』をもたなかったのは、妹《いもうと》、禎子《さだこ》のおかげです。『恨《うら》みや憎《にく》しみの心《こころ》からは、いつくしみの心《こころ》は生《う》まれない』と、妹《いもうと》は自分《じぶん》の命《いのち》を使《つか》って教《おし》えてくれました。」

いまも「原爆《げんばく》の子《こ》の像《ぞう》」には日本国内《にほんこくない》をはじめ世界各国《せかいかっこく》から折《お》りづるがささげられ、その数《かず》は年間約《ねんかんやく》1000万羽《まんば》、重《おも》さにして約《やく》10トンにものぼります。

今日《きょう》も世界《せかい》のどこかでだれかが、平和《へいわ》をいのって、つるをおっていることでしょう。

監修・佐々木雅弘

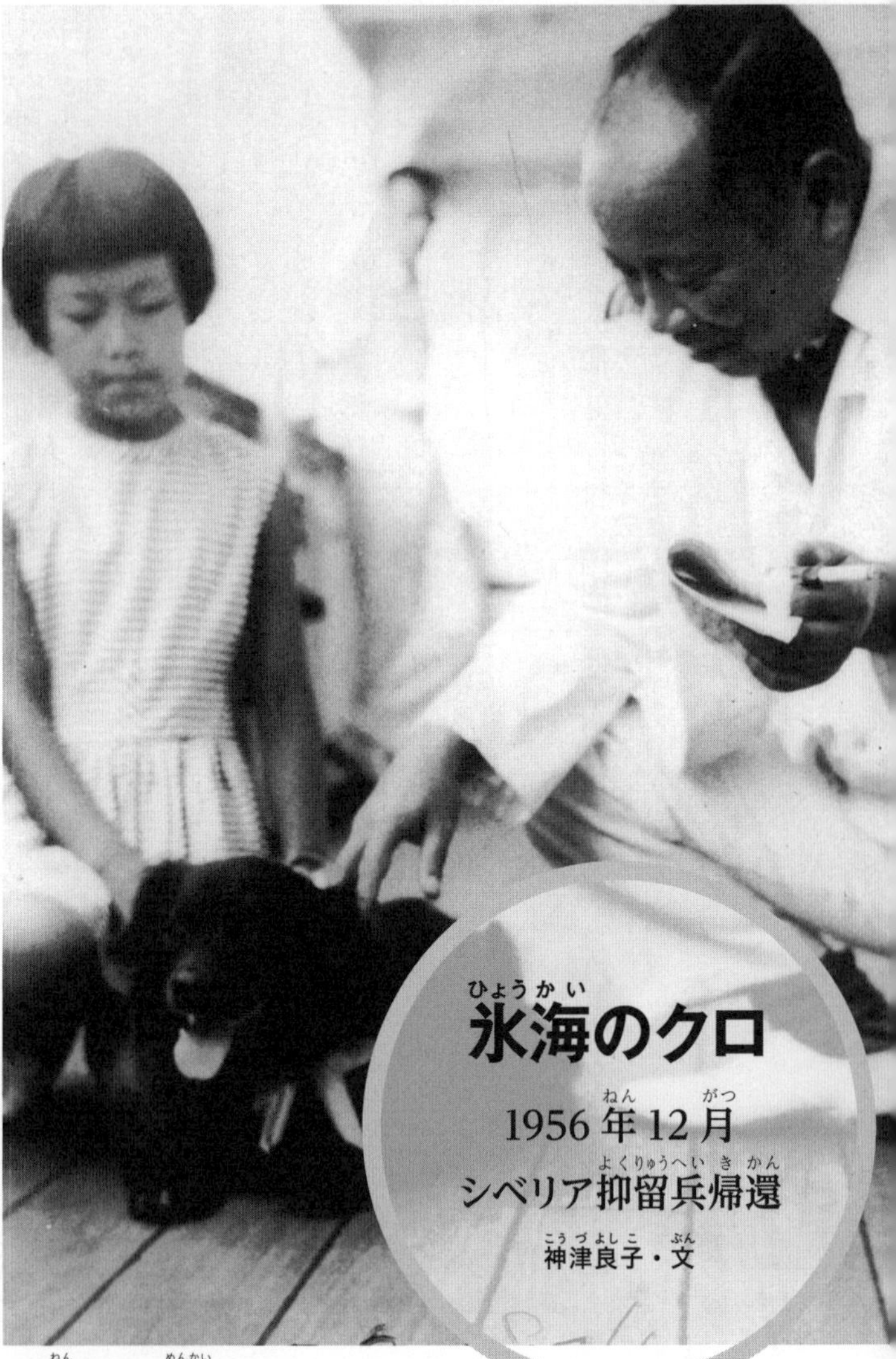

氷海《ひょうかい》のクロ

1956年《ねん》12月《がつ》
シベリア抑留兵帰還《よくりゅうへいきかん》

神津良子《こうづよしこ》・文《ぶん》

1957年《ねん》、クロと面会《めんかい》する、
「興安丸《こうあんまる》」の玉有勇船長《たまありいさむせんちょう》。

１９４５年《ねん》に第二次世界大戦《だいにじせかいたいせん》が終《お》わっても、日本兵《にほんへい》たちは全員《ぜんいん》が帰国《きこく》できたわけではありません。ソ連《れん》（現《げん》ロシアなど）軍《ぐん》につかまった兵士《へいし》たちは、捕虜《ほりょ》として収容所《しゅうようじょ》へつれていかれたのです。つらい環境《かんきょう》のなか、大《おお》きなささえとなったのは、１ぴきの犬《いぬ》でした。

こおりついた土《つち》の上《うえ》を、すさまじい音《おと》を立《た》てながら、つめたい風《かぜ》がふいていきます。

「こんなところで、これから25年《ねん》も、どう生《い》きていけばよいのか……。」

井上平夫《いのうえひらお》さんは、投《な》げやりなまなざしを南《みなみ》の空《そら》へ向《む》け、胸《むね》の底《そこ》にたまっている思《おも》いを、ふうっとはきだしました。

ここは、真冬《まふゆ》には零下《れいか》30度《ど》の寒《さむ》さとなる、ソ連《れん》のシベリアにあるハバロフスク捕虜収容所《ほりょしゅうようじょ》。第二次世界大戦《だいにじせかいたいせん》で、有罪《ゆうざい》の判決《はんけつ》を受《う》けた日本兵《にほんへい》が、捕虜《ほりょ》として強制労働《きょうせいろうどう》をさせられる場所《ばしょ》です。１９４５年《ねん》８月《がつ》、太平洋戦争《たいへいようせんそう》が終《お》わったとき、井上《いのうえ》さんは24才《さい》でした。満州《まんしゅう》（現中国東北部《げんちゅうごくとうほくぶ》）にいた井上《いのうえ》さんは、ソ連軍《れんぐん》につかまり、強制労働《きょうせいろうどう》25年《ねん》の重《おも》い刑《けい》を受《う》け、つれてこられたのです。

井上《いのうえ》さんたち捕虜《ほりょ》は、すきま風《かぜ》が入《はい》りこむそまつな小屋《こや》に寝泊《ねと》まりし、きびしい鉄道工事《てつどうこうじ》に毎日《まいにち》かりだされました。骨《ほね》と皮《かわ》にやせおとろえた日本人《にほんじん》は、その２倍《ばい》もありそうな体《たい》格《かく》のいいソ連兵《れんぺい》に、四六時中監視《しろくじちゅうかんし》されています。少《すこ》しでも休《やす》むと、たちまちはげしい声《こえ》がとんできます。なにを言《い》っているのかはわからなくても、そのけわしい表情《ひょうじょう》や声《こえ》の調子《ちょうし》で、こっぴどくしかられていることはわかります。

長《なが》い1日《にち》が終《お》わり、つかれはてた体《からだ》を引《ひ》きずって小《こ》屋《や》に帰《かえ》ると、井上《いのうえ》さんたちはガタガタふるえる寒《さむ》さのなかで、わずかな黒《くろ》パンと塩汁《しおじる》だけの食事《しょくじ》をとります。食事中《しょくじちゅう》も、もちろんソ連兵《れんぺい》の監視《かんし》はつづくのでした。

たまの休日《きゅうじつ》。草原《そうげん》にすわりこんだ井上《いのうえ》さんは、外《そと》の世界《せかい》と収容所《しゅうようじょ》とをへだてる有刺鉄線《ゆうしてっせん》ごしに、灰色《はいいろ》の空《そら》を見上《みあ》げることがありました。

（ああ、ふるさとへ帰りたいなあ。ひと目《め》でいい。お

ハバロフスク捕虜収容所《ほりょしゅうようじょ》のようす。

やじさまと、おふくろさまに会《あ》いたい。)

捕虜《ほりょ》である井上《いのうえ》さんには、まったく自由《じゆう》はありません。願《ねが》いがかなうことはなく、いくつもの季節《きせつ》が、通《とお》りすぎていきました。

秋《あき》になると、ツルやハクチョウなどのわたり鳥《どり》の家族《かぞく》が、シベリアで生《う》まれたひな鳥《どり》たちをつれて南《みなみ》へとわたっていきます。1年《ねん》の半分《はんぶん》をシベリアで、もう半分《はんぶん》を日本《にっぽん》ですごすのです。

(おれたちにも羽《はね》があったら、すぐにも、なつかしい日本《にっぽん》へとんで帰《かえ》れるのに……。)

晴《は》れわたった空《そら》のかなたに、点《てん》になってすいこまれていく白《しろ》い鳥《とり》のかげを、井上《いのうえ》さんは、ただだまって見送《みおく》るしかありません。国境《こっきょう》のない大空《おおぞら》を、自由《じゆう》に行《い》き来《き》できるわたり鳥《どり》が、うらやましくてなりませんでした。


南《みなみ》から、わたり鳥《どり》たちがシベリアに帰《かえ》ってくるころ、祖国日本《そこくにっぽん》ではとっくに桜《さくら》の花《はな》もちった5月《がつ》の末《すえ》のこと。収容所《しゅうようじょ》の庭《にわ》で、まっ黒《くろ》なものが動《うご》きまわっています。

つま先《さき》だけ白《しろ》い前《まえ》あし。カッカッと地面《じめん》をひっかく音《おと》。ぬれた鼻《はな》づらをクンクンと土《つち》におしつける気配《けはい》。あどけない表情《ひょうじょう》をした1ぴきの黒《くろ》い犬《いぬ》……。

「おおい、クロよ。なにかいいものでも、見《み》つかったかい？」

声《こえ》をかけた、日《ひ》にやけたやさしい笑顔《えがお》は、34才《さい》になった井上《いのうえ》さんでした。

黒《くろ》い犬《いぬ》は、はっと顔《かお》を上《あ》げ、弾丸《だんがん》のようにかけてきて、ボールのように高々《たかだか》とジャンプすると、どっしんと井上《いのうえ》さんに体当《たいあ》たりをくらわせました。

「おい、クロ。よせよ、よせったら！」

温《あたた》かな舌《した》で顔《かお》をなめられながら、井上《いのうえ》さんは楽《たの》しくてなりません。

クロは、収容所《しゅうようじょ》の近《ちか》くにすてられ、捕虜《ほりょ》たちの手《て》で育《そだ》てられることになったメスの犬《いぬ》。

1日《にち》の終《お》わりに、きびしい労働《ろうどう》につかれて帰《かえ》ってきた捕虜《ほりょ》たちを、おすわりをしたクロが、太《ふと》いしっぽをふって出《で》むかえます。

「こうしてクロが待《ま》っていてくれると思《おも》うと、つらい仕事《しごと》も、苦《く》にならんわい。」

「おお、よしよし。いい子《こ》だ、いい子《こ》だ。ふるさとから送《おく》ってもらった菓子《かし》を分《わ》けてやるぞ。」

このころには、ふるさとからの手紙《てがみ》や荷物《にもつ》を受《う》けとることがゆるされるようになっていました。捕虜《ほりょ》の男《おとこ》たちは、遠《とお》いふるさとから送《おく》られた大切《たいせつ》なおかしをクロにあたえながら、ゴツゴツした手《て》で、クロの小《ちい》さな体《からだ》をなでまわします。

——キュイン、キュイーン。クィン、クイィーン。

クロも、うれしそうにあまえます。井上《いのうえ》さんだけでなく、家族《かぞく》と遠《とお》くはなれた男《おとこ》たち全《ぜん》員《いん》の、家族《かぞく》であり、友人《ゆうじん》であり、なによりも大切《たいせつ》な心《こころ》のささえになっていました。


「よし、いい球《たま》！」

「空《から》ぶり、三振《さんしん》！」

短《みじか》い夏《なつ》、白夜《びゃくや》のため日《ひ》がしずむことのないシベリアの空《そら》に、いせいのいい歓声《かんせい》がひびきわたります。

カーン。

すんだ音《おと》がして、白《しろ》いボールが、青空《あおぞら》にきれいなアーチをえがきました。

そのとき、地面《じめん》にふせていたクロが、すばやく起《お》きあがって全力《ぜんりょく》でかけだし、地面《じめん》に落《お》ちたボールが大《おお》きくバウンドしたところを、大《おお》きく開《あ》けた口《くち》で、パクッとくわえました。

「うまいぞ、クロ！」

「いよっ、名選手《めいせんしゅ》！」

みんなにほめられて、クロの得意《とくい》そうな顔《かお》ったらありません。

だれが名《な》づけたか「クロ野球《やきゅう》」は、夏《なつ》の間《あいだ》の、みんなの楽《たの》しみになりました。


9月《がつ》に入《はい》ると、もう霜《しも》がおりました。

夏《なつ》の間《あいだ》、ひっそりとさいていた草花《くさばな》も、一夜《いちや》で、しおれてしまいました。また、暗《くら》くて長《なが》い冬《ふゆ》が来《き》ます。捕虜《ほりょ》たちは、むっつりとだまりこむ日《ひ》が多《おお》くなりました。

（こんなさびしくつらい暮《く》らしが、いったい、いつまでつづくのだろうか……。）

日本《にっぽん》で待《ま》つ家族《かぞく》も、ここにしばりつけられている自分自身《じぶんじしん》も、ただ、年《とし》を重《かさ》ねていくばかりです。暗《くら》い顔《かお》をしてふさぎこむようになったり、絶望《ぜつぼう》のあまり、やけになったり、病気《びょうき》になったりしてしまう人《ひと》も、あとをたちませんでした。

ある夜《よる》のこと。

遠《とお》くのほうから、ワイワイガヤガヤ、大《おお》きな声《こえ》が聞《き》こえてきました。ウオッカを飲《の》み、よっぱらっていい気持《きも》ちになった、見《み》まわりのソ連兵《れんぺい》たちが、得意《とくい》のロシア民謡《みんよう》をがなりたてながらやってきたのです。

収容所《しゅうようじょ》のとびらが開《あ》けられたとき、だれも予想《よそう》しなかったことが起《お》こりました。

しずかにゆかにふせていたクロが、鼻《はな》にしわをよせ、むっくり起《お》きあがると、ソ連兵《れんぺい》に向《む》かって、はげしくほえはじめたのです。

——ガウ！

歯《は》をむきだし、すごい剣幕《けんまく》でほえるクロは、いつものクロではありません。

ソ連兵《れんぺい》が肩《かた》をすくめて去《さ》ると、クロは、どっと男《おとこ》たちにとりかこまれました。

「おまえはほんとうにかしこいなあ。」

「おれたちの気持《きも》ちを、よくわかってくれているんだなあ。」

みんなにほめてもらって、しっぽをふるクロは、まんざらでもなさそうです。

何日《なんにち》にもわたって、横《よこ》なぐりの猛吹雪《もうふぶき》があれつづけた寒《さむ》い晩《ばん》のこと。

ねしずまった収容所《しゅうようじょ》で、クロが急《きゅう》にむっくり起《お》きあがりました。そのまま全身《ぜんしん》の神経《しんけい》をはりつめ、なにかをうかがっているようすです。やがて、「ワンッ！」と、ひと声《こえ》ほえました。

井上《いのうえ》さんたちがとびおきてみると、あたりにはこげくさいにおいが立《た》ちこめ、パチパチと、火《ひ》がとびちる音《おと》も聞《き》こえてきます。

「火事《かじ》だ！　火事《かじ》だぞ！」

男《おとこ》たちは、はだしで外《そと》へとびだしました。

すぐに消《け》しとめたので、ぼやでおさまりました。クロの大《おお》てがらです。

「クロよ。おまえはえらいぞ。」と、みんなにほめられ、またしても大得意《だいとくい》のクロでした。

クロからあふれる生命《せいめい》のかがやきが、捕虜《ほりょ》たちにとって、ほんのわずかにさしこむ希望《きぼう》となっていきました。

別《わか》れは突然《とつぜん》にやってきました。1956年《ねん》10月《がつ》に日本《にっぽん》とソ連《れん》がむすんだ「日《にっ》ソ共同宣《きょうどうせん》言《げん》」で、捕虜《ほりょ》たちの帰国《きこく》が決定《けってい》したのです。

「やった！　ついにやったぞ。」

「何百回《なんびゃっかい》も夢《ゆめ》に見《み》たふるさとへ、やっと帰《かえ》れるんだ！」

井上《いのうえ》さんたちのよろこびは、とても言葉《ことば》にはできません。口々《くちぐち》に「ばんざい」をさけび、肩《かた》をたたきあい、あふれる涙《なみだ》をぬぐおうともせずに、心《こころ》の奥底《おくそこ》からわきあがる思《おも》いを分《わ》かちあっています。いくら大声《おおごえ》でさけんでもさけんでも、なおさけびたりないくらい、気持《きも》ちが高《たか》まり、心《こころ》も体《からだ》も、どう表現《ひょうげん》したらよいのかわからないのです。

けれど、ひとしきりよろこびを爆発《ばくはつ》させたあと、奇妙《きみょう》なさびしさがわいてきました。

ときには零下《れいか》30度《ど》という、寒《さむ》い寒《さむ》い北《きた》の果《は》ての地《ち》ではありましたが……。

有刺鉄線《ゆうしてっせん》と鉄条網《てつじょうもう》でかこまれた、捕虜《ほりょ》としてのつらい暮《く》らしではありましたが……。

たしかにここに、自分《じぶん》たちの10年《ねん》あまりの生活《せいかつ》があったのです。

それに……ああ、クロ！

いとしいクロとも、はなればなれになるのです。

クロは、港町《みなとまち》のナホトカで、新《あたら》しい飼《か》い主《ぬし》に引《ひ》きとられることになっていました。

なにも知《し》らず、いつものように無心《むしん》にたわむれるクロの姿《すがた》を見《み》ると、井上《いのうえ》さんたちの胸《むね》には、じんと熱《あつ》いものがこみあげてくるのでした。

その年《とし》ものこすところ、あと1週間《しゅうかん》という12月《がつ》24日《か》の朝《あさ》、井上《いのうえ》さんたち捕虜《ほりょ》が乗《の》りこんだ帰還船《きかんせん》「興安丸《こうあんまる》」は、ナホトカ港《こう》を出港《しゅっこう》します。

(年老《としお》いたおやじさまは、元気《げんき》だろうか。おふくろさまも、元気《げんき》に田畑《たはた》の仕事《しごと》にはげんでおられるだろうか。兄弟《きょうだい》や姉妹《しまい》、おさななじみは……。)

祖国《そこく》への思《おも》いにかられた男《おとこ》たちの心《こころ》は、目《め》の前《まえ》の大海原《おおうなばら》をこえ、ひと足先《あしさき》に日本《にっぽん》へとんでいます。

そのとき、だれかがさけびました。

「あっ、クロだ! あんなところに、クロがいるぞ!」

男《おとこ》たちは、いっせいにどよめきました。「うおーっ。」という声《こえ》が、うずまきます。岸壁《がんぺき》を見《み》ると、そこには……クロが立《た》っているではありませんか!

クロを見《み》つめるやせこけた男《おとこ》たちのほほを、熱《あつ》いものがしたたりおちました。

ボーッ。

船《ふね》の汽笛《きてき》が鳴《な》りひびきました。いよいよ出航《しゅっこう》のときがやってきたのです。

「さよなら、クロ！　いつまでも元気《げんき》でいてくれよ！」

「クロ、いままでありがとう！」

男《おとこ》たちは口々《くちぐち》にさけびながら、クロのいる岸壁《がんぺき》に向《む》かって、けんめいに手《て》をふりました。

「あっ、あぶない！」

するどい悲鳴《ひめい》があがりました。港《みなと》を出《で》る船《ふね》を追《お》って、クロが氷《こおり》のはった海《うみ》にとびこんだのです。

「氷《こおり》がわれたら、真冬《まふゆ》の海《うみ》へのみこまれてしまうぞ。」

「もどれ！　もどるんだ、クロ！」

けれど、クロは、４本《ほん》の足《あし》でつるつるすべりながら、ミルク色《いろ》の氷《こおり》がはりつめた海《うみ》の上《うえ》を、夢中《むちゅう》で船《ふね》に向《む》かってかけてきます。

ぱかん！

とつぜん、氷《こおり》がわれました。

「ああーっ！」

興安丸《こうあんまる》を追《お》いかけてきたクロを、危険《きけん》な氷上《ひょうじょう》から救出《きゅうしゅつ》する瞬間《しゅんかん》。

「興安丸《こうあんまる》」の甲板《かんぱん》は、1000人をこえる男《おとこ》たちの悲鳴《ひめい》でいっぱいになりました。

ところがそのとき、信《しん》じられないことが起《お》こりました。

船《ふね》のエンジン音《おん》が、すうっと止《と》まったかと思《おも》うと、わかい船員《せんいん》が、するするとなわばしごをつたって海上《かいじょう》におり、氷《こおり》の海《うみ》にしずみかけていたクロを、しっかりとだきあげてくれたのです。

かたずをのんで見守《みまも》っていた男《おとこ》たちの間《あいだ》から、安心《あんしん》とよろこびの声《こえ》があがりました。

甲板《かんぱん》に放《はな》されたクロは、なにごともなかったかのように、体中《からだじゅう》の毛《け》についた氷《こおり》を、ぶるんと、ひとはらいしました。そして、すんだひとみをかがやかせながら、男《おとこ》たちの顔《かお》を見《み》上《あ》げました。

「よかった。ほんとうによかった。」

男《おとこ》たちは肩《かた》をたたきあい、おいおいと声《こえ》をあげて、なきじゃくりました。

クロはそのまま、十数年《じゅうすうねん》ぶりに日本《にっぽん》の土《つち》をふむ、元日本兵《もとにほんへい》の男《おとこ》たちといっしょに、舞鶴《まいづる》港《こう》に〝帰還《きかん》〟しました。港《みなと》の近《ちか》くの、犬好《いぬず》きの家庭《かてい》に引《ひ》きとられたクロを見《み》とどけて、井《い》上《うえ》さんたちは、それぞれのふるさとへ帰《かえ》っていきました。

次《つぎ》の年《とし》、クロは赤《あか》いリボンでおしゃれをして、ひとりの紳士《しんし》と面会《めんかい》しました。

クロを、つつみこむような笑顔《えがお》でやさしくだきしめてくれたのは、「興安丸《こうあんまる》」の玉《たま》有勇船長《ありいさむせんちょう》でした。

危機一髪《ききいっぱつ》だったあのとき、エンジンを止《と》めてくれた玉有船長《たまありせんちょう》の勇気《ゆうき》ある決断《けつだん》が、氷《こおり》の海《うみ》に落《お》ちたクロをすくったのです。

その次《つぎ》の年《とし》、クロは赤《あか》ちゃんをうみました。どの子《こ》もこの子《こ》も、お母《かあ》さんのクロにそっくり。全身《ぜんしん》がまっ黒《くろ》な毛《け》でおおわれた、人《ひと》なつっこい子《こ》たちばかりです。

1ぴきは玉有船長《たまありせんちょう》に、ほかの子《こ》たちも、

ナホトカ港《こう》から京都府《きょうとふ》の舞鶴港《まいづるこう》に到着《とうちゃく》した興安丸《こうあんまる》（1956年《ねん》12月《がつ》26日撮影《にちさつえい》）。

それぞれにもらわれていきました。
さらに次《つぎ》の年《とし》、今度《こんど》はその子《こ》たちが赤《あか》ちゃんをうみました。そして、その数年後《すうねんご》もまた、クロにそっくりの子《こ》がうまれました。こうしてシベリア生《う》まれのクロは、日本《にっぽん》のクロになり、子孫《しそん》をつなげていったのです。

大切《たいせつ》な青春《せいしゅん》をうばわれた、きびしくつらいシベリアでの生活《せいかつ》でしたが、クロとの温《あたた》かい思《おも》い出《で》を、井上《いのうえ》さんは笑顔《えがお》で語《かた》りつづけました。戦後《せんご》70年《ねん》をすぎたいま、井上《いのうえ》さんは、ふるさと鳥取《とっとり》の地《ち》にしずかにねむっています。

左《ひだり》はしは玉有船長《たまありせんちょう》、右《みぎ》はしは井上《いのうえ》さん。足元《あしもと》にはクロ。

戦争《せんそう》をつたえる人《ひと》

2012年《ねん》8月《がつ》 シリア取材《しゅざい》

中根会美《なかねはるみ》・文《ぶん》

2011年《ねん》8月《がつ》、アフガニスタン、カブールからバーミヤンへ向《む》かうヘリコプターの中《なか》から撮《さつ》影《えい》する山本美香《やまもとみか》さん。

山本美香《やまもとみか》さんは、約《やく》20年《ねん》にわたって戦場《せんじょう》に生《い》きる人《ひと》びとを取材《しゅざい》したジャーナリストでした。アジア、アフリカ、民族紛争《みんぞくふんそう》、宗教対立《しゅうきょうたいりつ》……過酷《かこく》な戦場《せんじょう》にあって、彼女《かのじょ》が信《しん》じ、命《いのち》の危険《きけん》を感《かん》じながらもわたしたちにつたえたかったことは、なんだったのでしょう？

2012年《ねん》8月《がつ》21日早朝《にちそうちょう》。悲《かな》しく、衝撃的《しょうげきてき》な知《し》らせが日本《にっぽん》にとびこんできました。

「ジャーナリストの山本美香《やまもとみか》さんが、取材《しゅざい》で滞在中《たいざいちゅう》のシリア、アレッポで銃撃《じゅうげき》を受《う》け、亡《な》くなったもようです。」

そのころ、シリアでは、政府軍《せいふぐん》とそれに対抗《たいこう》する勢力《せいりょく》の間《あいだ》で戦闘《せんとう》がくりひろげられていました。山本《やまもと》さんは、現地《げんち》で戦闘《せんとう》のようすを取材《しゅざい》するため、街《まち》を歩《ある》いている最中《さいちゅう》に突然銃《とつぜんじゅう》撃《げき》を受《う》けました。一瞬《いっしゅん》のできごとでした。

ニュース番組《ばんぐみ》ではそれから連日《れんじつ》、生前《せいぜん》の山本《やまもと》さんが、ビデオカメラを片手《かたて》に戦地《せんち》の人《ひと》びとにインタビューするようすがくりかえし流《なが》れました。山本《やまもと》さんは、撮影《さつえい》、インタビュー、リポートから映像《えいぞう》の編集《へんしゅう》までをこなす「ビデオジャーナリスト」として活動《かつどう》していました。

戦地《せんち》では兵士《へいし》や住民《じゅうみん》だけでなく、多《おお》くのジャーナリストが命《いのち》をうしなってきました。長《なが》年《ねん》、戦地《せんち》での取材《しゅざい》を行《おこな》っていた山本《やまもと》さんが、そのことを知《し》らないはずがありません。山本《やまもと》さんはなぜ、危険《きけん》を覚悟《かくご》で戦地《せんち》での取材《しゅざい》をつづけたのでしょうか。

山本《やまもと》さんは、1967年北海道生《ねんほっかいどうう》まれ。1977年《ねん》に、お父《とう》さんの生《う》まれ故郷《こきょう》である山梨県都留市《やなしけんつるし》へうつりすみます。

お父《とう》さんの職業《しょくぎょう》は新聞記者《しんぶんきしゃ》でした。おさない山本《やまもと》さんは、毎朝《まいあさ》、お父《とう》さんが何紙《なんし》もの新聞《しんぶん》を「バッバッ」とめくる姿《すがた》を見《み》て育《そだ》ちました。

山本《やまもと》さんの家《いえ》では、新聞《しんぶん》は特別《とくべつ》なものです。うっかりふんでしまおうものなら、

「こら！　大事《だいじ》なものを、ふんだらいけないでしょ！」

と、お母《かあ》さんにおこられます。そんな環境《かんきょう》で育《そだ》ったからか、山本《やまもと》さんの胸《むね》の内《うち》には、しぜんと「報道《ほうどう》」や「記者《きしゃ》」への憧《あこが》れがめばえていったのです。

大学《だいがく》を卒業《そつぎょう》した山本《やまもと》さんは、報道記者《ほうどうきしゃ》を目指《めざ》して衛星放送局《えいせいほうそうきょく》「朝日《あさひ》ニュースター」に入社《にゅうしゃ》しました。ニュース番組《ばんぐみ》を中心《ちゅうしん》に制作《せいさく》する会社《かいしゃ》です。山本《やまもと》さんは、念願《ねんがん》の報道《ほうどう》・制作担当《せいさくたんとう》の部署《ぶしょ》へ配属《はいぞく》されました。

当時《とうじ》のニュース番組《ばんぐみ》は、取材現場《しゅざいげんば》の状況《じょうきょう》をつたえるリポーターやカメラマン、音声《おんせい》、編集《へんしゅう》……と、さまざまな分野《ぶんや》のプロが力《ちから》を合《あ》わせて、ニュース映像《えいぞう》をつくるのがふつうでした。山本《やまもと》さんも、そんなふうに仕事《しごと》をするのだと思《おも》っていました。しかしある日《ひ》、

「はい、これを持《も》って取材《しゅざい》をしてきて。」

小《ちい》さなビデオカメラを1台《だい》わたされて、山本《やまもと》さんはたったひとりで取材《しゅざい》へ行《い》くことになったのです。自分《じぶん》で映像《えいぞう》をとって、リポートもする。「ビデオジャーナリスト」の山本《やまもと》美香《みか》が第一歩《だいいっぽ》をふみだした瞬間《しゅんかん》でした。

入社《にゅうしゃ》して1年《ねん》が経《た》った1991年《ねん》6月《がつ》、長崎県《ながさきけん》の雲仙普賢岳《うんぜんふげんだけ》で大規模《だいきぼ》な火砕流《かさいりゅう》が起《お》こりました。半年《はんとし》ほど前《まえ》からの噴火《ふんか》でできた溶岩《ようがん》ドームが崩落《ほうらく》し、巨大《きょだい》な噴煙《ふんえん》とともに山肌《やまはだ》をすべりおちたのです。その温度《おんど》は600度《ど》から700度《ど》ともいわれ、みるみるうちに斜面《しゃめん》の家《いえ》や田畑《たはた》をやきつくしました。

当時《とうじ》、火砕流《かさいりゅう》の危険性《きけんせい》はあまり知《し》られておらず、死者《ししゃ》・行方不明者《ゆくえふめいしゃ》は43名《めい》にものぼりました。また、「山津波《やまつなみ》」ともよばれる土石流《どせきりゅう》があちこちの川《かわ》で発生《はっせい》。ふもとの家《いえ》や農地《のうち》をのみこみました。大勢《おおぜい》の住人《じゅうにん》が、帰《かえ》る家《いえ》をうしなってしまったのです。

そのような状況《じょうきょう》のなか、まだ新人《しんじん》の山本《やまもと》さんが、ビデオカメラを片手《かたて》に災害《さいがい》のようすを取材《しゅざい》することになりました。

（もしもまた噴火《ふんか》が起《お》きて、災害《さいがい》にまきこまれてしまったらどうしよう。それに、被害《ひがい》にあったばかりの方《かた》たちに、どんなふうに話《はなし》を聞《き》いたらいいんだろう……。）

23才《さい》の山本《やまもと》さんにとっては、はじめてのこと、不安《ふあん》なことばかりです。

そのころ、雲仙普賢岳《うんぜんふげんだけ》には多《おお》くの報道陣《ほうどうじん》がつめかけ、災害《さいがい》の被害状況《ひがいじょうきょう》を全国《ぜんこく》へつたえようと、取材合戦《しゅざいがっせん》をくりひろげていました。その報道《ほうどう》のおかげで、支援物資《しえんぶっし》が集《あつ》まるなどプラスの側面《そくめん》があったいっぽう、避難生活《ひなんせいかつ》を余儀《よぎ》なくされていた人《ひと》びとが、マスコミの一方《いっぽう》的《てき》な取材《しゅざい》に対《たい》して不快感《ふかいかん》や怒《いか》りをあらわにする状況《じょうきょう》も生《う》まれていました。

山本《やまもと》さんも、家《いえ》をうしなった人《ひと》びとの避難所《ひなんじょ》となっている体育館《たいいくかん》へ足《あし》を運《はこ》びます。到着《とうちゃく》してみると、入《い》り口《ぐち》には「報道陣《ほうどうじん》お断《ことわ》り」のはり紙《がみ》がありました。被災者《ひさいしゃ》は、マスコミにカメラやマイクを向《む》けられることをこばんでいたのです。山本《やまもと》さん自身《じしん》も、住民《じゅうみん》にビデオカメラを向《む》けたとたん、

「いい加減《かげん》にしろ！」

と、どなられてしまったことがありました。

(どうして、ここにいる人《ひと》たちは、わたしたちに対《たい》してこんなにおこっているんだろう。その理由《りゆう》を知《し》ることが、突破口《とっぱこう》になるかもしれない。)

山本《やまもと》さんはすぐ、行動《こうどう》にうつしました。ビデオカメラを回《まわ》さずに、まずは自分《じぶん》も避難所《ひなんじょ》ですごしてみることにしたのです。

梅雨《つゆ》の6月《がつ》、体育館《たいいくかん》の中《なか》は暑《あつ》くるしく、空気《くうき》もじっとりとしています。そこへ、もともと別《べつ》の家《いえ》に住《す》んでいた人同士《ひとどうし》が、すきまをうめるようにして寝泊《ねと》まりをしている。しかも、夜《よる》になってもまっ暗《くら》になることはなく、トイレに立《た》つ人《ひと》の足音《あしおと》や赤《あか》んぼうの泣《な》き声《ごえ》が止《や》むことなくつづきます。予想以上《よそういじょう》に、騒然《そうぜん》としていて、落《お》ちつけません。

「みんな、こんな思《おも》いをして生活《せいかつ》をしていたのか……。大人《おとな》ならがまんができるかもしれないけれど、子《こ》どもたちにはとてもつらいだろうなあ……。」

山本《やまもと》さんも体調《たいちょう》をくずして、発熱《はつねつ》し、点滴《てんてき》を打《う》つことになってしまいました。しかしこのときから、避難所《ひなんじょ》の人《ひと》がだんだんと気持《きも》ちを話《はな》してくれるようになっていきました。

どんなことに不便《ふべん》を感《かん》じ、不安《ふあん》をいだいているのか。山本《やまもと》さんはビデオカメラを回《まわ》して、避難所《ひなんじょ》の人《ひと》がぽろりともらす本音《ほんね》をおさめていきます。ある老人《ろうじん》は、「配給《はいきゅう》されるお弁当《べんとう》は、あぶらものが多《おお》くて苦手《にがて》なんだ。煮物《にもの》のようにさっぱりしたものなら、食《た》べられるのに。」

と、告白《こくはく》してくれました。しかし、助《たす》けてもらっているいまの状況《じょうきょう》では、このような本音《ほんね》をうったえるのは気《き》が引《ひ》けるのだといいます。山本《やまもと》さんは、考《かんが》えました。

「それでは、その『煮物《にもの》のようにさっぱりしたお弁当《べんとう》が食《た》べたい。』という部分《ぶぶん》だけをリポートしてもいいですか？」

山本《やまもと》さんは、被災地《ひさいち》でほんとうにもとめられている支援《しえん》とはなにか、取材《しゅざい》をした記録映像《きろくえいぞう》をまとめました。避難所《ひなんじょ》にくらす人《ひと》びとに真正面《ましょうめん》からゆっくりと向《む》きあい、彼《かれ》らの思《おも》いをていねいにすくいとることが、報道《ほうどう》につながっていったのです。

この経験《けいけん》は、ジャーナリスト・山本美香《やまもとみか》にとって、かけがえのないものとなりました。

しかし1995年《ねん》、社内《しゃない》で部署《ぶしょ》の異動《いどう》があり、山本《やまもと》さんは報道《ほうどう》の現場《げんば》にたずさわることができなくなってしまいました。なによりも大《だい》すきな現場《げんば》へ行《い》くことができない――。そんな日々《ひび》に疑問《ぎもん》を感《かん》じて、朝日《あさひ》ニュースターを退社《たいしゃ》しました。

（どんな形《かたち》でもいい。わたしは報道《ほうどう》がしたいんだ。）

強《つよ》い思《おも》いにつきうごかされ、山本《やまもと》さんは「アジアプレス」という通信社《つうしんしゃ》に入社《にゅうしゃ》しました。その名《な》のとおり、アジア各国《かっこく》のさまざまなジャーナリストが集《あつ》まる、国際色《こくさいしょく》ゆたかな職場《しょくば》です。山本《やまもと》さんは、各国《かっこく》のジャーナリストが取材《しゅざい》した映像《えいぞう》を編集《へんしゅう》し、発表《はっぴょう》できるようにする、「ディレクター」の仕事《しごと》を担当《たんとう》することになりました。

アジアプレスでの仕事《しごと》を通《とお》して、山本《やまもと》さんは運命的《うんめいてき》な作品《さくひん》と出会《であ》うことになります。NHK《エヌエイチケイ》の衛星放送《えいせいほうそう》で放送《ほうそう》された『サラエボの冬《ふゆ》　～戦火《せんか》の群像《ぐんぞう》を記録《きろく》する～』という記録映像《きろくえいぞう》です。それは、はげしい戦争《せんそう》にゆれていた、ボスニア・ヘルツェゴビナという国《くに》の首都《しゅと》・サラエボに生《い》きる一般市民《いっぱんしみん》のようすを追《お》ったものでした。ただ単《たん》に彼《かれ》らの生活《せいかつ》を切《き》りとって見《み》せるのではなく、ふつうの生活《せいかつ》を送《おく》る人《ひと》が、どのように戦争《せんそう》にまきこまれてしまうのか、戦争《せんそう》の現実《げんじつ》をていねいに追《お》った作品《さくひん》でした。撮影《さつえい》したのは日本人《にほんじん》のビデオジャーナリスト・佐藤和孝《さとうかずたか》さんです。

（これはすごい！　こんな作品《さくひん》をつくる人《ひと》が同《おな》じ国《くに》にいたなんて……。わたしもこんな作《さく》品《ひん》をつくってみたい！）

山本《やまもと》さんは、大《おお》きな決断《けつだん》をしました。佐藤《さとう》さんが立《た》ちあげた「ジャパンプレス」に、ジャーナリストとして所属《しょぞく》することに決《き》めたのです。

そのころ、山本《やまもと》さんはアフガニスタンという国《くに》に強《つよ》い関心《かんしん》をもっていました。

アフガニスタンは、国内《こくない》で、20年《ねん》ちかく戦争《せんそう》がつづいている国《くに》でした。戦争《せんそう》があまりに長《なが》びいてしまったために、国際的《こくさいてき》な助《たす》けもとどこおっている状態《じょうたい》で、「見《み》すてられた国《くに》」「わすれさられた戦争《せんそう》」とよばれることもありました。

長《なが》い間《あいだ》、戦争《せんそう》がつづいている原因《げんいん》のひとつが宗教《しゅうきょう》問題《もんだい》でした。1996年《ねん》に、イスラム原理主義《げんりしゅぎ》の組織《そしき》「タリバン」が首都《しゅと》・カブールを制圧《せいあつ》し、アフガニスタン全土《ぜんど》を支配《しはい》するようになりました。タリバ

アフガニスタンでイギリス軍《ぐん》に同行取材《どうこうしゅざい》する山本《やまもと》さん。防弾《ぼうだん》ベストとヘルメットを着用《ちゃくよう》。

ンは、武力《ぶりょく》を背景《はいけい》に、住民《じゅうみん》にきびしいイスラム教《きょう》の教《おし》えを強制《きょうせい》。そのため、住民《じゅうみん》は抑圧《よくあつ》された生活《せいかつ》を送《おく》っていると報《ほう》じられていました。

なかでも、女性《じょせい》への制限《せいげん》はきびしいもので、学校《がっこう》で学《まな》ぶことや就職《しゅうしょく》すること、外《そと》をひとりで歩《ある》くことまでもが禁止《きんし》されていました。身《み》なりにもきびしい決《き》まりがあり、外《そと》を歩《ある》くときはかならず、「ブルカ」という布《ぬの》で、頭《あたま》からつま先《さき》まですっぽりとおおいかくさなくてはいけないのだといいます。

(タリバンって、いったいなんなんだろう?)

(住民《じゅうみん》の人《ひと》たちは、ほんとうにイスラム教《きょう》の考《かんが》え方《かた》を強制《きょうせい》されているんだろうか?)

(女性《じょせい》たちはきびしい制限《せいげん》のなか、なきくらしているんだろうか?)

考《かんが》えてみても、わからないことだらけです。山本《やまもと》さんは、強《つよ》く感《かん》じました。

「自分《じぶん》の目《め》で見《み》て、たしかめたい。」

しかし佐藤《さとう》さんは、山本《やまもと》さんがいっしょに戦地《せんち》で取材《しゅざい》をすることに反対《はんたい》でした。戦地《せんち》を取材《しゅざい》する女性《じょせい》ジャーナリストは、世界的《せかいてき》に見《み》てもけっして多《おお》いとはいえません。やはり、それだけ危険《きけん》なことなのです。佐藤《さとう》さんは、山本《やまもと》さんを思《おも》いとどまらせようと説得《せっとく》しました。

「それでも、どうしても行《い》きたい。戦地《せんち》にくらす人《ひと》びとの姿《すがた》をこの目《め》で見《み》たいんです。」

山本《やまもと》さんの言葉《ことば》を前《まえ》に、佐藤《さとう》さんはいっしょに取材《しゅざい》に行《い》くことを決心《けっしん》しました。

アフガニスタンでの取材《しゅざい》は、山本《やまもと》さんにとってわすれられない経験《けいけん》になりました。タリバンのおきてをやぶり「秘密《ひみつ》の教室《きょうしつ》」で学《まな》ぶ女性《じょせい》たちを、取材《しゅざい》することができたのです。

「秘密《ひみつ》の教室《きょうしつ》」に参加《さんか》していたのは、タリバンの支配《しはい》のために、大学《だいがく》で学《まな》ぶことをあきらめた元女子大生《もとじょしだいせい》たちでした。

女性《じょせい》たちは、人目《ひとめ》をしのんで主催者《しゅさいしゃ》の家《いえ》へ集《あつ》まり、おたがいの知識《ちしき》をもちよって英語《えいご》を学《まな》んでいました。屋内《おくない》では、女性《じょせい》たちはブルカを外《はず》すことができます。山本《やまもと》さんははじめて、アフガニスタンに生《い》きる女性《じょせい》たちの表情《ひょうじょう》を見《み》ました。

「自分《じぶん》や国《くに》の将来《しょうらい》のために、おきてをやぶってでも、勉強《べんきょう》がしたいのです。」

自《みずか》らの意志《いし》で学《まな》ぶ女性《じょせい》たちのまなざしは、まっすぐで、きらきらとかがやいています。

しかし、この取材《しゅざい》には、大《おお》きな問題点《もんだいてん》がありました。万《まん》が一《いち》、報道《ほうどう》が原因《げんいん》で、女性《じょせい》たちがおきてにそむいていることがタリバンに知《し》れてしまったら……。取材《しゅざい》に協力《きょうりょく》してくれた人《ひと》たちの命《いのち》を危険《きけん》にさらすことになってしまいます。

　ほんとうに報道《ほうどう》してもよいものか、山本《やまもと》さんはまよい、何度《なんど》もたしかめました。すると女性《じょせい》たちから予想《よそう》もしなかった返事《へんじ》が返《かえ》ってきたのです。

「わたしたちのほんとうの姿《すがた》を知《し》ってほしい。」

「顔《かお》もかくすことなく、報《ほう》じてください。」

　アフガニスタンの女性《じょせい》たちのたくましさを目《ま》の当《あ》たりにして、山本《やまもと》さんは、

(実際《じっさい》にこの目《め》で見《み》なくては、戦地《せんち》で生《い》きる人《ひと》のほんとうの姿《すがた》はわからない。ここまで来《き》てみて、よかった。)

と実感《じっかん》しました。

　それからというもの、山本《やまもと》さんは、戦地《せんち》に生《い》きる

アフガニスタンでの事務所《じむしょ》で、電話取材《でんわしゅざい》をする山本《やまもと》さん。

人《ひと》びとのようすを少《すこ》しでもつたえたいと、イラクやコソボ、ウガンダ……さまざまな国《くに》をとびまわりました。

地雷《じらい》で足《あし》をうしなった少年《しょうねん》、誘拐《ゆうかい》されてゲリラ兵《へい》となることを強制《きょうせい》されてしまった子《こ》どもたち。戦争《せんそう》のために、体《からだ》も心《こころ》も傷《きず》ついた人《ひと》びとと、たくさん出会《であ》いました。

でも、目《め》の前《まえ》で苦《くる》しむ人《ひと》に出会《であ》うたび、自分《じぶん》がとても無力《むりょく》な存在《そんざい》だと感《かん》じたのです。

(わたしには、痛《いた》みをとりのぞくことも、なおしてあげることもできない。ジャーナリストにできることなんて、ほんとうにあるんだろうか……。)

そんな悩《なや》みをかかえていたとき、何度目《なんどめ》かにやってきたアフガニスタンで、山本《やまもと》さんは、ある避難民一家《ひなんみんいっか》と出会《であ》いました。

その一家《いっか》は、父親《ちちおや》、母親《ははおや》、娘《むすめ》、息子《むすこ》の4人家族《にんかぞく》でしたが、住《す》んでいた村《むら》を追《お》われ、見《み》ず知《し》らずの土地《とち》を転々《てんてん》として生活《せいかつ》していました。住《す》まいは、ぼろぼろのテントです。父《ちち》は40才《さい》でしたが、顔《かお》にはまるで老人《ろうじん》のように、深《ふか》いしわがきざまれています。母《はは》も体《からだ》がやせ細《ほそ》ってしまっています。栄養《えいよう》が十分《じゅうぶん》ではないのでしょう。娘《むすめ》はぼろぼろの毛布《もうふ》にくるまってふるえています。もう何日《なんにち》も熱《ねつ》が引《ひ》かず、苦《くる》しんでいるのだと言《い》います。

アフガニスタンの冬《ふゆ》はきびしく、寒《さむ》い日《ひ》には最低気温《さいていきおん》がマイナス20度《ど》にたっすることもあります。雪《ゆき》がちらつくほどひえこんだある朝《あさ》、山本《やまもと》さんのもとに、父親《ちちおや》がやってきました。案内《あんない》したい場所《ばしょ》があるのだと言《い》います。

(出会《であ》ったばかりのわたしに、見《み》せたいものってなんだろう?)

山本《やまもと》さんは、避難民《ひなんみん》キャンプを見下《みお》ろす丘《おか》へとみちびかれました。

丘《おか》の中腹《ちゅうふく》に、こんもりともりあがった場所《ばしょ》があります。それは、4才《さい》だった息子《むすこ》のお墓《はか》でした。彼《かれ》が亡《な》くなった原因《げんいん》はかぜでした。きびしい寒《さむ》さをしのげる家《いえ》がなかったこと、栄養《えいよう》のある食事《しょくじ》がとれなかったことも原因《げんいん》だったのでしょうが、病院《びょういん》にかかることができれば、かんたんになおる病気《びょうき》です。

「薬《くすり》を飲《の》ませてあげられれば、息子《むすこ》を死《し》なせることはなかったのに。」

山本《やまもと》さんのビデオカメラの前《まえ》で、父親《ちちおや》はむせびなきました。

(こんなに切実《せつじつ》なうったえを前《まえ》に、わたしはなにもしてあげられない。やっぱり、わたしは無力《むりょく》だ。)

山本《やまもと》さんには、カメラを持《も》つ手《て》がなまりのように重《おも》く感《かん》じられました。

しかし、そのときです。

「こんなに遠《とお》くまで来《き》てくれてありがとう。わたしたちのことなど、世界中《せかいじゅう》のだれも知《し》らないと思《おも》っていた。わすれさられていると思《おも》っていた。話《はなし》を聞《き》いてくれてありがとう。ありがとう……。」

父親《ちちおや》の言葉《ことば》に、山本《やまもと》さんははっとしました。

（わたしは、ジャーナリストなんだ。自分《じぶん》が目撃《もくげき》するだけではまだ足《た》りない。戦地《せんち》で見聞《みき》きしたことを、世界《せかい》の人《ひと》たちにきちんとつたえるのが使命《しめい》だ。この人《ひと》たちのことを知《し》ってほしい。そうしてはじめて、わたしがこの場所《ばしょ》に来《き》たことに意味《いみ》が生まれるのだから。）

山本《やまもと》さんの迷《まよ》いは、ふきとびました。

ジャーナリストとしての覚悟《かくご》を胸《むね》に、山本《やまもと》さんは戦地《せんち》での取材《しゅざい》をつづけました。

ロシアからの独立《どくりつ》を目指《めざ》し、戦争《せんそう》が起《お》こったチェチェンという地域《ちいき》では、家《いえ》や家族《かぞく》をうしなった子《こ》どもたちが廃墟《はいきょ》に寝床《ねどこ》をつくり、力《ちから》を合《あ》わせて生《い》きぬく姿《すがた》をつたえました。

また、２００３年《ねん》にはイラクの首都《しゅと》バグダッドから、連日《れんじつ》、アメリカ軍《ぐん》の空爆《くうばく》にゆれる街《まち》と住民《じゅうみん》のようすをつたえました。

2008年《ねん》6月《がつ》、アフガニスタン、ジャバルサラジで現地《げんち》の女性《じょせい》を取材《しゅざい》。

戦争《せんそう》におびやかされながらも、たくましく生《い》きる人《ひと》びとの姿《すがた》に、山本《やまもと》さんは心《こころ》を打《う》たれ、世界《せかい》に向《む》けて発信《はっしん》しつづけたのです。

２００８年《ねん》、山本《やまもと》さんは日本《にっぽん》で教壇《きょうだん》に立《た》っていました。報道《ほうどう》に興味《きょうみ》のある学生《がくせい》に向《む》けて、大学《だいがく》で講義《こうぎ》を行《おこな》うことになったのです。ジャーナリストとしての経験《けいけん》をつみかさねるにつれて、山本《やまもと》さんは、わかい世代《せだい》へ自分自身《じぶんじしん》の体験《たいけん》を語《かた》り、つたえていきたいと思《おも》うようになりました。

山本《やまもと》さんは、自身《じしん》の取材体験《しゅざいたいけん》を例《れい》に、さまざまな問《と》いを若者《わかもの》たちに投《な》げかけます。たとえば、アフガニスタンで取材《しゅざい》した「秘密《ひみつ》の教室《きょうしつ》」の話《はなし》。取材《しゅざい》をさせてくれた女性《じょせい》たちの顔《かお》を出《だ》してニュースにしたことは、ほんとうに正《ただ》しいことだったのか。

山本《やまもと》さんの判断《はんだん》に理解《りかい》をしめす学生《がくせい》もいれば、もう少《すこ》し別《べつ》の方法《ほうほう》があったのではないかと疑問《ぎもん》を投《な》げかける生徒《せいと》もいます。そのひとつひとつの意見《いけん》に耳《みみ》をかたむけ、

「ほかの人《ひと》はどう思《おも》いますか?」

と、議論《ぎろん》をうながします。正解《せいかい》をただひとつと決《き》めつけないのが、山本流《やまもとりゅう》の授業《じゅぎょう》なのです。

ときにはジャーナリスト・山本美香《やまもとみか》としての思《おも》いを、まっすぐな言葉《ことば》でつたえることもありました。

「わたしは、ジャーナリストは『証言者《しょうげんしゃ》』『目撃者《もくげきしゃ》』だと思《おも》っています。できるだけ多《おお》くの視点《してん》が戦場《せんじょう》にあることによって、状況《じょうきょう》が悪化《あっか》しないよう、抑止力《よくしりょく》になれればいいと思《おも》います。そういう意味《いみ》では、ひとりやふたり、ジャーナリストがいるだけでは足《た》りないのです。何人殺《なんにんころ》されようと、のこっただれかが記録《きろく》して、かならず世界《せかい》につたえなくてはいけない。相手《あいて》がどんなに強力《きょうりょく》な力《ちから》をもった存在《そんざい》でも、きっとだれかが立《た》ちむかってくれます。」

山本《やまもと》さんの力強《ちからづよ》い言葉《ことば》に勇気《ゆうき》づけられて、ジャーナリストへの一歩《いっぽ》をふみだした生徒《せいと》もいました。

2012年《ねん》の夏《なつ》、山本《やまもと》さんは戦地《せんち》で命《いのち》を落《お》としました。

戦闘《せんとう》が日常《にちじょう》になってしまったシリア、アレッポでは、武器《ぶき》を持《も》たないジャーナリストにまで、銃口《じゅうこう》が向《む》けられました。戦《たたか》いは終《お》わることなく、現在《げんざい》もつづいています。

「つたえつづけることによって、戦争《せんそう》が早《はや》く終《お》わるかもしれない。そのために取材《しゅざい》がしたい。」

最後《さいご》の取材《しゅざい》に出発《しゅっぱつ》する1か月前《げつまえ》に、山本《やまもと》さんはこんな言葉《ことば》をのこしています。

山本《やまもと》さんがねがったように、いつかこの世界《せかい》の戦《せん》争《そう》が終《お》わる日《ひ》が、やってくるのでしょうか？

いま、この瞬間《しゅんかん》も、山本《やまもと》さんと同《おな》じ志《こころざし》をもったジャーナリストたちが、戦場《せんじょう》をかけぬけています。

2012年《ねん》8月《がつ》シリア国境《こっきょう》。取材《しゅざい》に向《む》かう山本《やまもと》さん。

手《て》をつないだ愛実《あみ》ちゃんと
ラナちゃんの絵《え》。

イラクとつながるチョコレート

2003年《ねん》3月《がつ》
アメリカのイラク攻撃開始《こうげきかいし》

堀切《ほりきり》リエ・文《ぶん》
鴨下《かもした》潤《じゅん》・絵《え》

イラクがアメリカから受《う》けた攻撃《こうげき》の影響《えいきょう》で、病気《びょうき》になった子《こ》どもがたくさんいます。ラナちゃんもそのひとりです。そんなイラクの子《こ》どもたちと日本《にっぽん》の子《こ》どもたちが、交流《こうりゅう》をつづけています。子《こ》どもたちをつないでいるのは、絵《え》とチョコレートでした。

2003年《ねん》1月《がつ》29日《にち》、佐藤真紀《さとうまき》さんは、日本《にっぽん》の子《こ》どもたちの絵《え》を持《も》って、イラクのバグダッドにある病院《びょういん》をたずねました。佐藤《さとう》さんは、イラクの白血病《はっけつびょう》の子《こ》どもたちのために、薬《くすり》を運《はこ》んだり、治療《ちりょう》にかかるお金《かね》を集《あつ》めたりしている団体《だんたい》、ジムネットの一員《いちいん》です。

12才《さい》のラナちゃんも、白血病《はっけつびょう》で入院《にゅういん》していました。佐藤《さとう》さんが、日本《にっぽん》の小林愛実《こばやしあみ》ちゃんのかいた絵《え》を見《み》せると、にっこりしました。そして鉛筆《えんぴつ》をにぎりしめ、ゆっくりと、線《せん》をえがいていきました。愛実《あみ》ちゃんと自分《じぶん》を、ならべてかいたのです。ふたりは、なかよく手《て》をつないでいます。

そして、こう書《か》きくわえました。

「わたしは、いま、12才《さい》です。日本《にっぽん》に友《とも》だちができたらうれしいな。大《おお》きくなったら、学《がっ》校《こう》の先生《せんせい》になりたいの。ラナ」

でも、お医者《いしゃ》さんは、佐藤《さとう》さんに言《い》いました。

「薬《くすり》が手《て》に入《はい》らないのです。ですから、ほとんどの子《こ》どもは死《し》んでいきます。ラナちゃんも、あと1年《ねん》生《い》きられれば、いいほうでしょう。」

　このとき、アメリカは、イラクを攻撃《こうげき》しようとしていました。イラクは、危険《きけん》な兵《へい》器《き》をたくさん持《も》っているといわれていたため、ほかの国々《くにぐに》を攻撃《こうげき》する前《まえ》に、やっつけてしまおうというのです。

　もし、戦争《せんそう》になれば、食《た》べ物《もの》や薬《くすり》がいまよりもっと足《た》りなくなり、弱《よわ》っている病気《びょうき》の子《こ》どもたちは、まっ先《さき》に命《いのち》を落《お》とすでしょう。

　お医者《いしゃ》さんの話《はなし》を聞《き》いた佐藤《さとう》さんは、日《にっ》

本《ぽん》に帰《かえ》って、よびかけました。

「イラクの子《こ》どもたちに、メッセージを送《おく》ろう！」

それにこたえて、２０００人《にん》以《い》上《じょう》の子《こ》どもたちが、ハガキに、絵《え》とメッセージをかいて送《おく》ってきました。

佐藤《さとう》さんは、たくさんのハガキを持《も》ってイラクに行《い》き、バグダッドの学校《がっこう》や病院《びょういん》にかざりました。

「イラクに爆弾《ばくだん》を落《お》とさないでほしい！」

「わたしも、戦争《せんそう》に反対《はんたい》です！」

「日本《にっぽん》は、イラクからとてもはなれています。けれども、関係《かんけい》ないとは思《おも》っていません。すべてはつながりあっているのですから。」

「元気《げんき》を出《だ》して。」

日本《にっぽん》の子《こ》どもたちの絵《え》とメッセージは、イラクの人《ひと》たちを元気《げんき》づけました。

佐藤《さとう》さんは、ラナちゃんの絵《え》を、日本《にっぽん》のテレビや本《ほん》などで紹介《しょうかい》して、

「戦争《せんそう》をやめなければ、子《こ》どもたちが死《し》んでしまいます。ラナちゃんの、先生《せんせい》になるとい

う、夢《ゆめ》をかなえてあげたいのです。」

と、うったえました。

2月15日《にち》、世界中《せかいじゅう》で数百万《すうひゃくまん》の人々《ひとびと》が、「イラク戦争反対《せんそうはんたい》！」と、声《こえ》をあげました。国《くに》をこえて多《おお》くの人《ひと》びとが、同《おな》じ思《おも》いをもっていたのです。

日本《にっぽん》では、3月8日《がつようか》、東京《とうきょう》に4万人《まんにん》が集《あつ》まり、「イラクを攻撃《こうげき》するのはやめて！」と、うったえながらデモ行進《こうしん》をしました。

けれど、3月20日《がつはつか》、アメリカ軍《ぐん》とイギリス軍《ぐん》は、イラクへの攻撃《こうげき》を開始《かいし》します。ミサイルを発射《はっしゃ》し、同時《どうじ》に空《そら》からも、たくさんの爆弾《ばくだん》を落《お》としました。暗《くら》い空《そら》が、爆弾《ばくだん》で明《あか》るく光《ひか》りました。このときアメリカ軍《ぐん》は、「劣化《れっか》ウラン弾《だん》は害《がい》がない。」と言《い》い、この爆弾《ばくだん》をたくさん落《お》としました。

劣化《れっか》ウランとは、原子力発電所《げんしりょくはつでんしょ》の燃料《ねんりょう》をつくるときに出《で》る、いらないもので、放射性物質《ほうしゃせいぶっしつ》をふくんでいます。これでつくった爆弾《ばくだん》はとても重《おも》いので、戦車《せんしゃ》さえもうちぬけるのです。アメリカ軍《ぐん》は1991年《ねん》の湾岸戦争《わんがんせんそう》のときも、イラクに劣化《れっか》ウラン弾《だん》を落《お》としました。

そのあとイラクでは、ラナちゃんのように、血液《けつえき》のがんである白血病《はっけつびょう》や、そのほかのがんになる子《こ》どもがふえたのです。お医《い》者《しゃ》さんたちは、「劣化《れっか》ウラン弾《だん》の影響《えいきょう》だと思《おも》われる。」と言《い》います。

戦争中《せんそうちゅう》、佐藤《さとう》さんはイラクに入《はい》ることはできませんでした。戦争《せんそう》が終《お》わると、佐藤《さとう》さんは薬《くすり》を持《も》ってイラクに行《い》きました。けれど、あの病院《びょういん》にラナちゃんの姿《すがた》は見当《みあ》たりません。

調《しら》べてくれたお医者《いしゃ》さんから、信《しん》じられない言葉《ことば》が返《かえ》ってきました。

「ラナちゃんは、2月3日《がつみっか》に、死亡《しぼう》しています。」

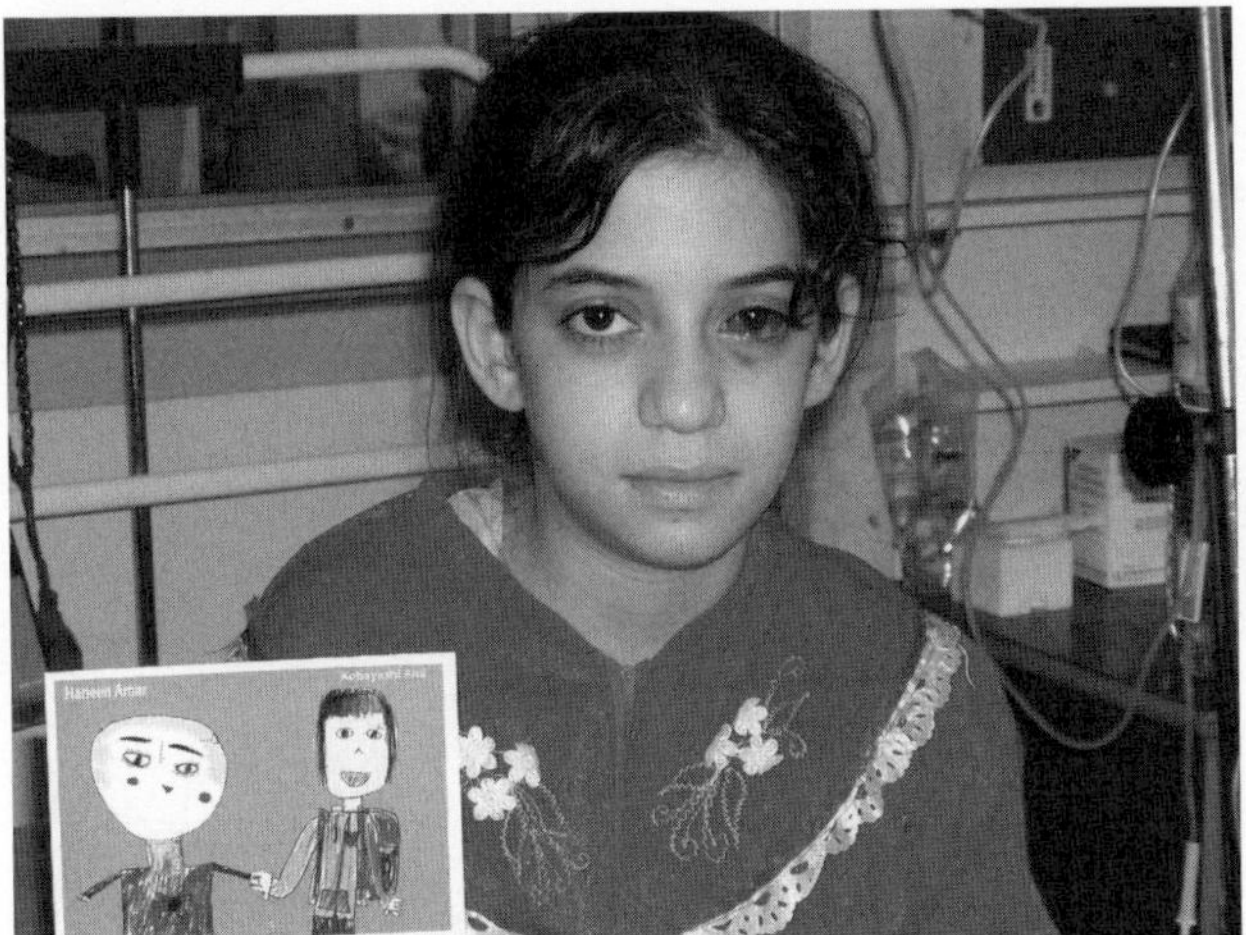

病院《びょういん》で日本《にっぽん》の子《こ》どもの絵《え》と、イラクの子《こ》どもの絵《え》を組《く》み合《あ》わせてつくられたカードを持《も》つラナちゃん。

「え、あれから、たった5日後《いつかご》に?」

佐藤《さとう》さんは、言葉《ことば》をのみこみました。ラナちゃんは、あの絵《え》をかいてから、5日間《いつかかん》しか生《い》きられなかったのです。佐藤《さとう》さんは、ラナちゃんの家《いえ》をたずねていくことにしました。

バグダッドからチグリス川《がわ》をのぼり、モスルという町《まち》に、ラナちゃんの家《いえ》が見《み》つかりました。

ラナちゃんにそっくりの弟《おとうと》のムハンマッドくんが、家《いえ》の前《まえ》で遊《あそ》んでいました。妹《いもうと》のハラちゃんも出《で》てきました。

「ラナは、すてきなお姉《ねえ》さんだった。でも、薬《くすり》がなかったから、ちゃんとした治療《ちりょう》

を受《う》けられなかったのよ。」

佐藤《さとう》さんは、なにも言《い》えませんでした。

日本《にっぽん》の愛実《あみ》ちゃんも、このことを知《し》っておどろきました。

「わたしは、ラナちゃんのかいた絵《え》を見《み》て、『うれしいな。将来《しょうらい》、会《あ》えたらいいな。』と思《おも》いました。わたしは、あの絵《え》をかいてから、前《まえ》とかわりなく遊《あそ》んだり勉強《べんきょう》したりしています。ラナちゃんは、なにもできなかったんだね。もし薬《くすり》があったら、なおっていたかもしれない。もし戦争《せんそう》がなかったら、劣化《れっか》ウラン弾《だん》が落《お》とされなかったら、死《し》んでしまった多《おお》くの人《ひと》が、まだ生《い》きていられたかもしれないのに……。」

日本《にっぽん》では、子《こ》どもが白血病《はっけつびょう》にかかっても、80パーセントの確率《かくりつ》でなおります。けれどイラクでは、死《し》んでしまう子《こ》が多《おお》いのです。薬《くすり》や病院《びょういん》の設備《せつび》が足《た》りないからです。

2006年《ねん》2月《がつ》。ラナちゃんが亡《な》くなってから3年《ねん》が経《た》とうとしていました。けれどイラクでは、まだ戦争《せんそう》のような状態《じょうたい》がつづいています。

日本《にっぽん》にもどっていた佐藤《さとう》さんは、町《まち》の中《なか》がとてもきれいにかざられているのに気《き》がつきました。バレンタインデーが近《ちか》づいていました。

「もっと、みんなにイラクのことを知《し》ってもらえたら……。そうだ。」

佐藤《さとう》さんは、イラクの子《こ》どもたちの1日分《にちぶん》の薬代《くすりだい》を募金《ぼきん》してくれた人《ひと》に、ラナちゃんの絵《え》をパッケージにしたチョコレートをわたしました。「チョコ募金《ぼきん》」の始《はじ》まりです。

「バレンタインは、愛《あい》をつたえる日《ひ》。その愛《あい》を身近《みぢか》な人《ひと》だけでなく、もっともっと遠《とお》くまでつたえてほしい。このチョコレートは、イラクの子《こ》どもたちの命《いのち》をつなぐのです。」

子《こ》どもたちがかいた絵《え》で、展覧会《てんらんかい》も開《ひら》きました。するとたくさんの人《ひと》が、チョコ募金《ぼきん》をしてくれるようになりました。イラクでは治療《ちりょう》のおかげで病気《びょうき》がなおり、元気《げんき》になる子《こ》どもがふえてきました。いまでは毎年《まいとし》、パッケージの絵《え》をかえてチョコレートをつくっています。

佐藤《さとう》さんは、すべての始《はじ》まりとなった、ラナちゃんの絵《え》を、いまもわすれることはありません。

ラナちゃんの絵《え》が使《つか》われたチョコレート缶《かん》。

日本《にっぽん》とイラクの子《こ》どもたちがかいた絵《え》。

未来《みらい》へのビザ

1940年《ねん》7月《がつ》
日本通過《にっぽんつうか》のビザを発給《はっきゅう》する

本橋《もとはし》りの・文《ぶん》

領事館《りょうじかん》の執務室《しつむしつ》にすわる
杉原千畝《すぎはらちうね》さん。

第二次世界大戦中《だいにじせかいたいせんちゅう》、リトアニアの首都《しゅと》カウナスに赴任《ふにん》していた外交官《がいこうかん》の杉原千畝《すぎはらちうね》さん。「命以上《いのちいじょう》に大切《たいせつ》なものはない。」と、当時《とうじ》ヨーロッパを支配《しはい》しつつあったナチス・ドイツに迫害《はくがい》されたユダヤ人《じん》をすくうため、命《いのち》をかけた大《おお》きな決断《けつだん》をします。

1940年《ねん》、7月《がつ》18日《にち》の朝《あさ》。リトアニア（102ページ地図《ちず》）の首都《しゅと》カウナスにある日本《にほん》領事館前《りょうじかんまえ》へ、たくさんの人《ひと》びとがおしかけました。いつもは人通《ひとどお》りもなく静《しず》かな高台《たかだい》に、数百人《すうひゃくにん》もの人《ひと》が集《あつ》まり、なにかをうったえるような目《め》をして門《もん》にしがみついています。

「ポーランドからのがれてきたユダヤ人《じん》たちが、日本通過《にっぽんつうか》のビザを要求《ようきゅう》しているらしい。」

2階《かい》の窓《まど》から外《そと》のようすをながめ、そうつぶやいたのは、日本《にっぽん》の外交官《がいこうかん》である杉原千畝《すぎはらちうね》さんでした。

杉原《すぎはら》さんは、1900年《ねん》に岐阜県《ぎふけん》で生《う》まれました。おさないころから成績《せいせき》が優秀《ゆうしゅう》で、両親《りょうしん》は医者《いしゃ》になるようねがっていましたが、外国語《がいこくご》がすきで教師《きょうし》を目指《めざ》していた杉原《すぎはら》さんはそれをことわり、早稲田大学《わせだだいがく》へ入学《にゅうがく》して、外国語《がいこくご》を学《まな》びます。

しかし、親《おや》の反対《はんたい》を押《お》し切《き》ったため、仕送《しおく》りもなく、アルバイトの給料《きゅうりょう》だけでは、学費《がくひ》と生活費《せいかつひ》をまかなうことができません。苦《くる》しい生活《せいかつ》を送《おく》っていた杉原《すぎはら》さんは、ある日《ひ》、ぐうぜん目《め》にした新聞《しんぶん》の記事《きじ》で「外務省留学生試験《がいむしょうりゅうがくせいしけん》」の存在《そんざい》を知《し》りました。日本《にっぽん》とロシアのかけ橋《はし》となる若者《わかもの》を育《そだ》てるために、中国《ちゅうごく》のハルビンにつくられた、日露《にちろ》（日本《にっぽん》・ロシア）協会学校《きょうかいがっこう》に留学《りゅうがく》できるというのです。

（これに合格《ごうかく》すれば、留学《りゅうがく》の費用《ひよう》を国《くに》がはらってくれるのか。海外《かいがい》で外国語《がいこくご》の勉強《べんきょう》ができる。なんとしても合格《ごうかく》しなければ。）

　合格《ごうかく》がむずかしいといわれていた試験《しけん》でしたが、ねる間《ま》もおしんで勉強《べんきょう》し、みごと合格《ごうかく》。１９１９年《ねん》に早稲田大学《わせだだいがく》を中退《ちゅうたい》し、留学生《りゅうがくせい》として日露協会学校《にちろきょうかいがっこう》に入学《にゅうがく》、ロシア語《ご》を学《まな》びました。たいへんな努力家《どりょくか》だった杉原《すぎはら》さんは、「辞書《じしょ》を何冊《なんさつ》か食《た》べた」というほど、熱心《ねっしん》に勉強《べんきょう》しました。いつもポケットにロシア語《ご》の辞書《じしょ》を入《い》れ、時間《じかん》があれば単語《たんご》を１ページずつ暗記《あんき》しました。おぼえたページはやぶりすてていたそうです。

　留学中《りゅうがくちゅう》の１９２０年《ねん》からの２年間《ねんかん》、兵士《へいし》として軍隊生活《ぐんたいせいかつ》を送《おく》り、１９２３年《ねん》、日露協会学校《にちろきょうかいがっこう》を卒業《そつぎょう》したあとは、ロシア語《ご》の教師《きょうし》として、日露協会学校《にちろきょうかいがっこう》のクラスを受《う》けもつことになりました。杉原《すぎはら》さんのロシア語《ご》は正確《せいかく》で、ロシア人《じん》に「あなたのロシア語《ご》は、ロシア人《じん》とかわらない」と言《い》われるほどでした。その才能《さいのう》は外務省《がいむしょう》にもみとめられ、書記生《しょきせい》として32才《さい》になるまでハルビンの日本総領事館《にほんそうりょうじかん》に勤務《きんむ》していました。「外務省一《がいむしょういち》のロシア通《つう》」として、ちょっとした有名人《ゆうめいじん》でもありました。

１９３２年《ねん》3月《がつ》、日本《にっぽん》が中国《ちゅうごく》の東北部《とうほくぶ》につくりあげた満州国《まんしゅうこく》の外交部《がいこうぶ》から、声《こえ》がかかります。

「ロシア科長《かちょう》となって、ソ連《れん》が権利《けんり》をもっている満州国内《まんしゅうこくない》の路線《ろせん》、北満鉄道《ほくまんてつどう》を、買《か》いとる交渉《こうしょう》をしてほしい。」

ソ連《れん》は「ソビエト連邦《れんぽう》」のこと。１９２２年《ねん》に誕生《たんじょう》し、現在《げんざい》のロシアと、そのまわりの14の共和国《きょうわこく》が集《あつ》まって、ひとつの大《おお》きな国《くに》をつくっていました。

この交渉《こうしょう》で、杉原《すぎはら》さんは大活躍《だいかつやく》します。鉄道《てつどう》と、それらに関係《かんけい》する施設《しせつ》を徹底的《てっていてき》に調《しら》べあげ、ソ連《れん》の希望《きぼう》した6億《おく》２５００万円《まんえん》を、その約《やく》3分《ぶん》の1の金額《きんがく》、1億《おく》４０００万円《まんえん》まで値下《ねさ》げさせました。

しかし、高《たか》い評価《ひょうか》をえて昇進《しょうしん》も目前《もくぜん》だった杉原《すぎはら》さんは、あっさりと満州国外交部《まんしゅうこくがいこうぶ》を辞職《じしょく》して日本《にっぽん》へ帰国《きこく》し、外務省《がいむしょう》で再《ふたた》びはたらきはじめます。

「満州国《まんしゅうこく》を統治《とうち》している日本人《にほんじん》はそこに住《す》んでいる中国人《ちゅうごくじん》に対《たい》してひどいあつかいをしている、それが、がまんできなかったんだ。」

あとで、そうつぶやいたそうです。

妻《つま》である幸子《ゆきこ》さんと出会《であ》ったのもこのころでした。

結婚《けっこん》したふたりは東京《とうきょう》にしばらく住《す》み、やがて長男《ちょうなん》も生《う》まれました。

人一倍正義感《ひといちばいせいぎかん》が強《つよ》く、曲《ま》がったことが大《だい》きらいな杉原《すぎはら》さん。いつも日本《にっぽん》と世界《せかい》の将来《しょうらい》を考《かんが》え、どんなにつらいことがあってもけっして弱音《よわね》をはくことはありませんでした。夢《ゆめ》はこれまで学《まな》んだロシア語《ご》をいかし、ソ連《れん》で日本《にっぽん》の外交官《がいこうかん》としてはたらくことでした。

「世界《せかい》を知《し》ることによって、日本《にっぽん》はもっとよくなるはず。」

外交官《がいこうかん》になれば、世界《せかい》を、日本《にっぽん》を、いまより平和《へいわ》にすることができる。そう、強《つよ》く信《しん》じていたのです。

ついに、1936年《ねん》の暮《く》れ、念願《ねんがん》のソ連《れん》に行《い》くことが決《き》まりました。海外《かいがい》への赴任《ふにん》は通常《つうじょう》2年間《ねんかん》です。幸子《ゆきこ》さんの妹《いもうと》も勉強《べんきょう》をかねていっしょに行《い》ってくれることになったので、安心《あんしん》して引《ひ》っこしの準備《じゅんび》にとりかかりました。

しかし、直前《ちょくぜん》になって大《おお》きなハプニングが起《お》こります。

「ソ連《れん》がどうしてもビザを出《だ》さない。」

ビザとは、その国《くに》への入国許可証《にゅうこくきょかしょう》です。そのころ、日本《にっぽん》とソ連《れん》の間《あいだ》には、満州国《まんしゅうこく》とソ連《れん》の国境《こっきょう》をめぐる対立《たいりつ》などがあったため、ロシア語《ご》がよくできて知識《ちしき》も豊富《ほうふ》な杉原《すぎはら》さんを、情報《じょうほう》がえられる立場《たちば》にしたくなかったのでしょう。ソ連《れん》は長《なが》く滞在《たいざい》できるビザを発給《はっきゅう》しようとしませんでした。根気《こんき》よく交渉《こうしょう》がつづけられましたが、結局《けっきょく》ビザがおりることはなく、杉原《すぎはら》さんの赴任先《ふにんさき》は、フィンランドのヘルシンキにある公使館《こうしかん》に変更《へんこう》になりました。

ビザがなく、ソ連《れん》を通《とお》ることができないので、船《ふね》を使《つか》ってアメリカ経由《けいゆ》でヘルシンキを目指《めざ》しました。

2年《ねん》の任期《にんき》を終《お》え、1939年《ねん》には、杉原《すぎはら》さんはリトアニアの首都《しゅと》カウナスにつくられることになった、日本領事館領事代理《にほんりょうじかんりょうじだいり》となりました。

日本《にっぽん》の友好国《ゆうこうこく》ドイツが、ともに対立《たいりつ》していたはずのソ連《れん》と「独《どく》ソ不可侵条約《ふかしんじょうやく》」を締結《ていけつ》したことで、当時《とうじ》の日本《にっぽん》はかなり混乱《こんらん》していました。杉原《すぎはら》さんがカウナスへ赴任《ふにん》してすぐ、第《だい》二《に》次《じ》世《せ》界《かい》大《たい》戦《せん》が始《はじ》まります。ドイツとソ連《れん》にはさまれ、まだ独立国《どくりつこく》だったリトアニアから両国《りょうこく》の情勢《じょうせい》をさぐり、情報《じょうほう》を収集《しゅうしゅう》する役《やく》をになうことになりました。

しかし1940年《ねん》には、ついにソ連軍《れんぐん》がリトアニアにせめいりました。杉原《すぎはら》さんのもとにもソ連《れん》から通達《つうたつ》がとどきます。

「リトアニアは、独立国《どくりつこく》ではなくなった。領事館《りょうじかん》を閉《へい》鎖《さ》し、すぐさま国外退去《こくがいたいきょ》すべし。」

1か月後《げつご》に去《さ》ることが決《き》まった杉原《すぎはら》さんは、領事館《りょうじかん》を閉鎖《へいさ》する準備《じゅんび》を始《はじ》めます。

そして運命《うんめい》の1940年《ねん》、7月《がつ》18日《にち》の朝《あさ》。杉原《すぎはら》さんたちが住《す》む日本領事館《にほんりょうじかん》の前《まえ》に、たくさんのユダヤ人《じん》の姿《すがた》がありました。ユダヤ人《じん》は、長《なが》い間《あいだ》、国《くに》（土地《とち》）を

杉原《すぎはら》さんが赴任《ふにん》した1939年《ねん》、ドイツ、ソ連《れん》が東西《とうざい》からポーランドにせめこむ。ソ連《れん》の西《にし》に位置《いち》するリトアニアは、ドイツとソ連《れん》にはさまれる。

もつことなく、ヨーロッパを中心《ちゅうしん》に、世界各国《せかいかっこく》にちりぢりにくらしていた民族《みんぞく》です。当時《とうじ》、ユダヤ人《じん》を迫害《はくがい》していたナチス・ドイツは、武力《ぶりょく》でまわりの国々《くにぐに》を攻撃《こうげき》していました。ポーランドもドイツとソ連《れん》にせめこまれ、ドイツから迫害《はくがい》されるユダヤ人《じん》がリトアニアににげてきたのです。東《ひがし》からソ連《れん》にせめこまれ、南《みなみ》からはユダヤ人《じん》がおしよせて、リトアニアは、たいへんな混乱状態《こんらんじょうたい》でした。

ヨーロッパでは、ポーランドのほか、デンマーク、ノルウェー、オランダ、ベルギー、フランスが、ドイツに支配《しはい》されていました。ユダヤ人《じん》がナチス・ドイツの手《て》からのがれて生《い》きのびるためには、アメリカ大陸《たいりく》へのがれるしかありません。ソ連《れん》をシベリア鉄道《てつどう》で横《おう》断《だん》し、日本《にっぽん》を通《とお》って、太平洋《たいへいよう》をわたる……。ほかに道《みち》はのこされていませんでした。どうしても日本《にっぽん》のビザが必要《ひつよう》だったのです。

「お願《ねが》いです、日本《にっぽん》の通過《つうか》ビザを発給《はっきゅう》してください。」

たくさんのユダヤ人《じん》のなかから5人《にん》の代表《だいひょう》が集《あつ》まり、直接《ちょくせつ》たのみに来《き》ました。

「日本《にっぽん》のビザを発給《はっきゅう》するには、旅費《りょひ》と、日本《にっぽん》での滞在費《たいざいひ》、それに日本通過後《にっぽんつうかご》に向《む》かう国《くに》のビザが発給《はっきゅう》されていなければなりません。パスポートを用意《ようい》されていますか？」

領事館《りょうじかん》の前《まえ》でビザの発給《はっきゅう》をうったえるユダヤ人《じん》たち。

「日本《にっぽん》の通過《つうか》ビザがあれば、ソ連《れん》も通過《つうか》ビザを出《だ》すと言《い》っています。滞在費《たいざいひ》は、日本《にっぽん》のユダヤ人協会《じんきょうかい》が準備《じゅんび》してくれると約束《やくそく》しています。受《う》けいれ国《こく》もあります、南《みなみ》アメリカにあるオランダ領《りょう》のキュラソー島《とう》です。」

杉原《すぎはら》さんのところへ来《く》る前《まえ》に、ユダヤ人《じん》たちはカウナスのオランダ領事館《りょうじかん》で「キュラソーをはじめとする南米《なんべい》オランダ領《りょう》への入国《にゅうこく》はビザを必要《ひつよう》としない」という約束《やくそく》、「キュラソー・ビザ」を手《て》に入《い》れていました。これは正式《せいしき》なビザではありませんでしたが、ユダヤ人《じん》たちはこのビザと日本《にっぽん》から発給《はっきゅう》されるビザに、望《のぞ》みをたくすしかなかったのです。

話《はなし》を聞《き》いた杉原《すぎはら》さんは、すぐさま日本《にっぽん》の外務省《がいむしょう》にビザ発給許可《はっきゅうきょか》をもとめる連絡《れんらく》をしました。しかし、日本《にっぽん》からの返事《へんじ》は、「行《い》き先《さき》と滞在費《たいざいひ》が保証《ほしょう》されている者《もの》へのビザ発給《はっきゅう》しかみとめない。むやみに難民《なんみん》を受《う》けいれるわけにはいかない」というものでした。

日本《にっぽん》は、ドイツとイタリアとの同盟《どうめい》を目前《もくぜん》に、ドイツの政策《せいさく》に反対《はんたい》するわけにはいかなかったのです。杉原《すぎはら》さんはあきらめずに、何度《なんど》も外務省《がいむしょう》に連絡《れんらく》しました。ですが、外務省《がいむしょう》の回答《かいとう》はかわりません。

(国《くに》の命令《めいれい》にそむくか、それともユダヤ人《じん》をすくうか。命令《めいれい》にそむけば、わたしも、わたしの家族《かぞく》もどうなるかわからない。)

ビザの発給《はっきゅう》はナチス・ドイツに敵対《てきたい》すること。このリトアニアで命《いのち》をねらわれる危険《きけん》もありました。

命《いのち》は助《たす》かったとしても、外務省《がいむしょう》での仕事《しごと》をつづけていけなくなるかもしれません。

(でも、命《いのち》以上《いじょう》に大切《たいせつ》なものが、この世《よ》にあるだろうか。ここであきらめてしまったら、何百何千《なんびゃくなんぜん》というユダヤ人《じん》を、見殺《みごろ》しにしてしまうんだ。人《ひと》の命《いのち》をすくえない者《もの》に、国《くに》は守《まも》れない。)

ねむることもできず、なやみになやんだ杉原《すぎはら》さんは、ついに決意《けつい》します。

「外務省《がいむしょう》にそむいて、領事《りょうじ》の権限《けんげん》でビザを発給《はっきゅう》しようと思《おも》う。ここにもし100人《にん》の人《ひと》がいても、だれもわたしのように、ユダヤ人《じん》を助《たす》けようとは考《かんが》えないだろうね。それでも、わたしたちはやろうか。」

妻《つま》の幸子《ゆきこ》さんは、杉原《すぎはら》さんの顔《かお》をまっすぐに見《み》て、深《ふか》くうなずきました。


「ビザを発給《はっきゅう》します。」

翌朝《よくあさ》、領事館《りょうじかん》の前《まえ》で杉原《すぎはら》さんがそう言《い》ったとたん、鉄柵《てっさく》にしがみついていた人《ひと》びとに衝撃《しょうげき》が走《はし》りました。一瞬《いっしゅん》の沈黙《ちんもく》、そして大《おお》きな歓声《かんせい》があがりました。

一度《いちど》に館内《かんない》へ入《はい》ると混乱《こんらん》してしまうため整理券《せいりけん》を配《くば》ると、ついにビザ発給《はっきゅう》が始《はじ》まりました。杉原《すぎはら》さんはその日《ひ》から、何日《なんにち》も何日《なんにち》も、朝《あさ》から晩《ばん》までビザを書《か》きつづけることになります。

「お名前《なまえ》は？」

「受《う》けいれ国《こく》は？」

「渡航目的《とこうもくてき》は？」

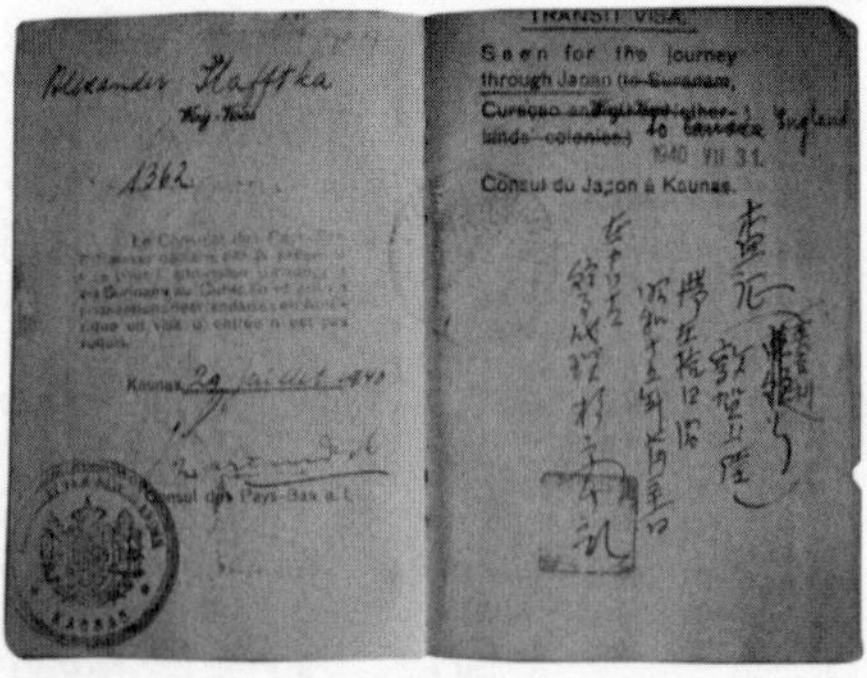

杉原《すぎはら》さんが書《か》いた手書《てが》きのビザ。

「旅費《りょひ》、滞在費《たいざいひ》はありますか？」

ひとりひとりに質問《しつもん》し、手書《てが》きでビザを書《か》いていきます。面接《めんせつ》を行《おこな》ってはビザを書《か》く、という作業《さぎょう》を、ただひとりで、ひたすらくりかえします。

領事館《りょうじかん》の閉館時刻《へいかんじこく》も大《おお》はばに延長《えんちょう》し、昼食《ちゅうしょく》もまともにとれませんでした。すべてを手書《てが》きで行《おこな》うため、寝不足《ねぶそく》になって目《め》が充血《じゅうけつ》し、だんだんとやつれていきます。一日《いちにち》が終《お》わると口《くち》もきけないほどつかれきり、痛《いた》みで動《うご》かなくなったうでを、幸子《ゆきこ》さんがマッサージしているうちに、ねむりこんでしまう日々《ひび》がつづきました。

どんなにつかれていても、杉原《すぎはら》さんはビザを書《か》くことをやめませんでした。領事館《りょうじかん》の外《そと》には、順番待《じゅんばんま》ちのユダヤ人《じん》が朝《あさ》から晩《ばん》まで立《た》っています。

「このままのペースでは、とてもじゃないが間《ま》にあわない。」

ビザ発給《はっきゅう》の手間《てま》をはぶくために、番号《ばんごう》のわりあてと手数料《てすうりょう》の徴収《ちょうしゅう》をやめ、手書《てが》きでなくてもよい場所《ばしょ》にはゴム印《いん》を使《つか》うことにしました。

朝《あさ》から晩《ばん》まで休《やす》むひまもない生活《せいかつ》が、1か月《げつ》もつづきました。領事館閉鎖《りょうじかんへいさ》の期限《きげん》をすぎていたため、ソ連《れん》から何度《なんど》も退去命令《たいきょめいれい》がくだされました。

「カウナスの領事館《りょうじかん》を閉鎖《へいさ》し、ただちにベルリンへ行《い》け。」

もうこれ以上《いじょう》さからえば、どうなるかわからない。ソ連《れん》の命令《めいれい》には有無《うむ》をいわせない強《つよ》さがありました。

領事館《りょうじかん》を閉鎖《へいさ》したあと、杉原《すぎはら》さんは、近《ちか》くのホテル・メトロポリスにうつりました。このホテルでも、杉原《すぎはら》さんはビザを書《か》きつづけました。領事館《りょうじかん》を出《で》る前《まえ》に、ホテルの名前《なまえ》をはりだしておいたのです。ソ連《れん》からの勧告《かんこく》ぎりぎりまで、ホテルでビザを書《か》きつづけ、ついに9月1日《がつついたち》の早朝《そうちょう》、カウナス駅《えき》でベルリン行《い》きの国際列車《こくさいれっしゃ》に乗《の》りこみます。


カウナス駅《えき》から国際列車《こくさいれっしゃ》でベルリンに向《む》かう。

「センポ！　おねがいします！」
「わたしにもビザをください！」
カウナス駅《えき》には、ビザをもとめてたくさんのユダヤ人《じん》が来《き》ていました。
「千畝《ちうね》」という名前《なまえ》は外国人《がいこくじん》には発音《はつおん》しにくいため、みんな、杉原《すぎはら》さんを「センポ」とよびます。杉原《すぎはら》さんは汽車《きしゃ》の窓《まど》から身《み》を乗《の》りだして、つぎつぎにビザを書《か》いていきます。

「センポ！　センポ！　ビザを！」

発車《はっしゃ》ぎりぎりまで、杉原《すぎはら》さんはビザを書《か》きつづけました。

ベルが鳴《な》りひびき、ついに汽車《きしゃ》が動《うご》きだします。

「ゆるしてください。わたしにはもう書《か》けない。みなさんのご無事《ぶじ》をいのっています……。」

杉原《すぎはら》さんは苦《くる》しそうに言《い》って、ホームに立《た》つユダヤ人《じん》たちに深々《ふかぶか》と頭《あたま》を下《さ》げました。

「センポ！　わたしたちはあなたをわすれません。かならず、またあなたにお会《あ》いします！」

走《はし》りだした列車《れっしゃ》とならんでなきながら走《はし》ってきたユダヤ人《じん》は、杉原《すぎはら》さんの姿《すがた》が見《み》えなくなるまで、さけびつづけていました。

このとき、杉原《すぎはら》さんが書《か》いたビザは、１か月《がつ》あまりで２１３９枚《まい》と報告《ほうこく》されています。ビザは家族単位《かぞくたんい》で発給《はっきゅう》されたため、およそ６０００人《にん》の命《いのち》を助《たす》けたのです。

杉原《すぎはら》さんはカウナスをはなれるとき、ビザを手《て》に入《い》れることができなかったユダヤ人《じん》のための、手紙《てがみ》をのこしておきました。

「モスクワの日本大使館《にほんたいしかん》に行《い》きなさい。」

モスクワに勤務《きんむ》する同僚《どうりょう》に、ビザを発給《はっきゅう》するようたのんでおいたのです。その後《ご》しばらくの間《あいだ》は、モスクワの日本大使館《にほんたいしかん》でもビザが発給《はっきゅう》されました。

ベルリンに着《つ》いた杉原《すぎはら》さんは、駐在《ちゅうざい》していた来栖三郎大使《くるすさぶろうたいし》から、チェコのプラハへの赴任《ふにん》をつげられました。来栖大使《くるすたいし》は杉原《すぎはら》さんが外務省《がいむしょう》の命令《めいれい》にさからってビザを発給《はっきゅう》したことについては、とがめませんでした。その後《ご》、終戦《しゅうせん》をルーマニアのブカレストでむかえた一家《いっか》は、ソ連軍《れんぐん》の捕虜《ほりょ》として、収容所《しゅうようじょ》につれていかれました。

帰国《きこく》の許可《きょか》が出《で》て、一家《いっか》と幸子《ゆきこ》さんの妹《いもうと》がやっと日本《にっぽん》へもどってきたのは、1947年《ねん》の4月《がつ》はじめのことでした。しかし、杉原《すぎはら》さんを待《ま》っていたのは外務省《がいむしょう》からの辞職勧告《じしょくかんこく》でした。

「君《きみ》の仕事《しごと》はもうありません。退職《たいしょく》してほしい。」

当時《とうじ》、GHQ《ジーエイチキュー》の命令《めいれい》で、各省庁《かくしょうちょう》ではたくさんの役人《やくにん》をやめさせていました。杉原《すぎはら》さんは、これまで外務省《がいむしょう》のために、いつも全力《ぜんりょく》をつくしてきました。しかし、言《い》い訳《わけ》をきらう杉原《すぎはら》さんは、胸《むね》のなかにうずまく思《おも》いを口《くち》にせず、だまってその命令《めいれい》にしたがいました。

戦後《せんご》の日本《にっぽん》は食《た》べるものがなく、だれもが苦《くる》しんでいました。なれない日本《にっぽん》での生活《せいかつ》。育《そだ》ちざかりの子《こ》どもたちの食事《しょくじ》を用意《ようい》することもままならず、もっとも生活《せいかつ》が苦《くる》しい時期《じき》でした。杉原《すぎはら》さんはすでに47才《さい》になっていましたが、家族《かぞく》のために第二《だいに》の人生《じんせい》を歩《あゆ》みはじめます。新《あたら》しい仕事《しごと》も見《み》つけ、けんめいにはたらきました。苦労《くろう》の末《すえ》、日本《にっぽん》での暮《く》らしもだんだんと安定《あんてい》してきました。

それから20年あまりたった1968年《ねん》、杉原《すぎはら》さんのもとに、イスラエル大使館《たいしかん》から思《おも》いがけない電話《でんわ》が入《はい》りました。大使館《たいしかん》で待《ま》っていたのは、なんとカウナスの領事館《りょうじかん》で話《はな》したユダヤ人代表《じんだいひょう》のうちのひとりである、ニシュリ氏《し》でした。

「センポ！　あなたの名前《なまえ》は『スギハラ　センポ』ではなく、『スギハラ　チウネ』なのですね。ずいぶん長《なが》い間《あいだ》、あなたのことをさがしていました。どうしてももう一度《いちど》だけ会《あ》って、直接《ちょくせつ》お礼《れい》を言《い》いたかった。これをおぼえていますか？」

そう言《い》ってニシュリ氏《し》がポケットからとりだしたのは、もうぼろぼろになってしまった1枚《まい》のビザでした。28年前《ねんまえ》、杉原《すぎはら》さんが書《か》いたものです。カウナスを通《とお》って国外《こくがい》へ脱出《だっしゅつ》した人《ひと》たちは、いまもビザをお守《まも》りのように大事《だいじ》にしていました。

「いま、わたしがこうして生《い》きているのも、あなたのおかげです。」

口《くち》にはしませんでしたが、外務省《がいむしょう》をやめることになってしまい、つらく苦《くる》しい生活《せいかつ》のなか「あのときビザを発給《はっきゅう》したために……。」と思《おも》いかえすこともあった杉原《すぎはら》さんは、ニシュリ氏《し》との再会《さいかい》によって自分《じぶん》の行為《こうい》がむだではなかったことを知《し》りました。あのとき発《はっ》給《きゅう》したビザで、いまもこうして生《い》きつづけている人《ひと》がいる。涙《なみだ》を流《なが》しながらお礼《れい》を言《い》うニシュリ氏《し》の手《て》を、杉原《すぎはら》さんは笑顔《えがお》でにぎりかえしました。

その後《ご》さらに長《なが》い時《とき》を経《へ》て、杉原《すぎはら》さんの行動《こうどう》は、ようやく高《たか》く評価《ひょうか》されるようになりました。1985年《ねん》1月《がつ》18日《にち》には、東京《とうきょう》のイスラエル大使館《たいしかん》で、『諸国民《しょこくみん》の中《なか》の正義《せいぎ》の人賞《ひとしょう》(ヤド・バシェム賞《しょう》)』が授与《じゅよ》されました。この賞《しょう》はイスラエルの政府機関《せいふきかん》が外国人《がいこくじん》にあたえている称号《しょうごう》で、日本人《にほんじん》の受賞《じゅしょう》は、杉原《すぎはら》さんがはじめてで、ただひとりです。

「わたしのしたことは、外交官《がいこうかん》としては、まちがったことだったかもしれない。しかし、わたしにはたよってきた何千人《なんぜんにん》もの人《ひと》を見殺《みごろ》しにすることはできなかった。そして、それは正《ただ》しい行動《こうどう》だった……。わたしの行為《こうい》は歴史《れきし》が審判《しんぱん》してくれるだろう。」

杉原《すぎはら》さんは妻《つま》の幸子《ゆきこ》さんに、しみじみと言《い》いました。幸子《ゆきこ》さんは、杉原《すぎはら》さんの顔《かお》をまっすぐに見《み》て、深《ふか》くうなずきました。杉原《すぎはら》さんがビザの発給《はっきゅう》を決《き》めたあの日《ひ》のように。

その年《とし》の11月《がつ》にはイスラエルのエルサレム郊外《こうがい》の丘《おか》に杉原《すぎはら》さんの顕彰碑《けんしょうひ》がたてられることになり、多《おお》くの人《ひと》びとが集《あつ》まりました。「杉原千畝《すぎはらちうね》」の名《な》は世界中《せかいじゅう》に広《ひろ》まり、1986年《ねん》に亡《な》くなったあとも、たくさんの手紙《てがみ》が日本《にっぽん》にとどきました。

イスラエルからまねかれて留学《りゅうがく》した息子《むすこ》の杉原伸生《すぎはらのぶき》さんは、各地《かくち》で出会《であ》った人《ひと》ごとに「杉原千畝《すぎはらちうね》さんを知《し》っていますか?」と聞《き》かれました。「わたしの父《ちち》です」と答《こた》えると、だれもがその手《て》をとって出会《であ》いをよろこんだといいます。ユダヤ人《じん》は、親《おや》から子《こ》へと杉原千《すぎはらち》畝《うね》の勇気《ゆうき》ある行動《こうどう》をわすれることなく語《かた》りついでいたのです。

杉原《すぎはら》さんというひとりの外交官《がいこうかん》の決断《けつだん》は、日本《にっぽん》と他国《たこく》との絆《きずな》を深《ふか》め、日本《にっぽん》への信頼《しんらい》を高《たか》める結果《けっか》になったのです。

「絶体絶命《ぜったいぜつめい》の危機《きき》にある人《ひと》たちを目《め》の前《まえ》にして、人間《にんげん》として当然《とうぜん》のことをしただけ。」

日本《にっぽん》ですごした晩年《ばんねん》に、杉原《すぎはら》さんはそう語《かた》っていたといいます。ですが、杉原《すぎはら》さんがしめしてくれた勇気《ゆうき》は、いまも世界中《せかいじゅう》にいる、国《くに》を追《お》われて困難《こんなん》にあえぐ人《ひと》たち、そして彼《かれ》らに手《て》をさしのべたいとねがう人《ひと》たちにも、勇気《ゆうき》と希望《きぼう》をあたえています。

ユダヤ人《じん》の命《いのち》をすくったのは杉原《すぎはら》さんだけではありません。杉原《すぎはら》さんの発給《はっきゅう》したビザを持《も》ち、「スギハラ・サバイバー」とよばれたユダヤ難民《なんみん》たちは、ヨーロッパを脱出《だっしゅつ》し、船《ふね》で福井県《ふくいけん》の敦賀市《つるがし》へとたどりつきました。最初《さいしょ》はユダヤ人《じん》たちを警戒《けいかい》した敦賀《つるが》の市民《しみん》たちも、宿《やど》をかし、銭湯《せんとう》を無料《むりょう》で開放《かいほう》したり、かごいっぱいのリンゴをさしいれたりと、着《き》のみ着《き》のままでにげだしてきたユダヤの人《ひと》たちにやさしくせっしました。そんな敦賀《つるが》の人《ひと》びとに、みんな心《こころ》から感謝《かんしゃ》したそうです。

「敦賀《つるが》はほんとうに天国《てんごく》だった。はじめて経験《けいけん》した畳《たたみ》の部屋《へや》から外《そと》をながめると、やわらかい雪《ゆき》がしずかにふっていたんだ。」

ビザを発給《はっきゅう》しても、実際《じっさい》に国《くに》が受《う》けいれてくれなければ、ユダヤ人《じん》はにげだすことができませんでした。さまざまな人《ひと》が助《たす》けあい、それぞれの地《ち》で思《おも》いやりをもって行動《こうどう》したことによって、多《おお》くの命《いのち》がすくわれたのです。

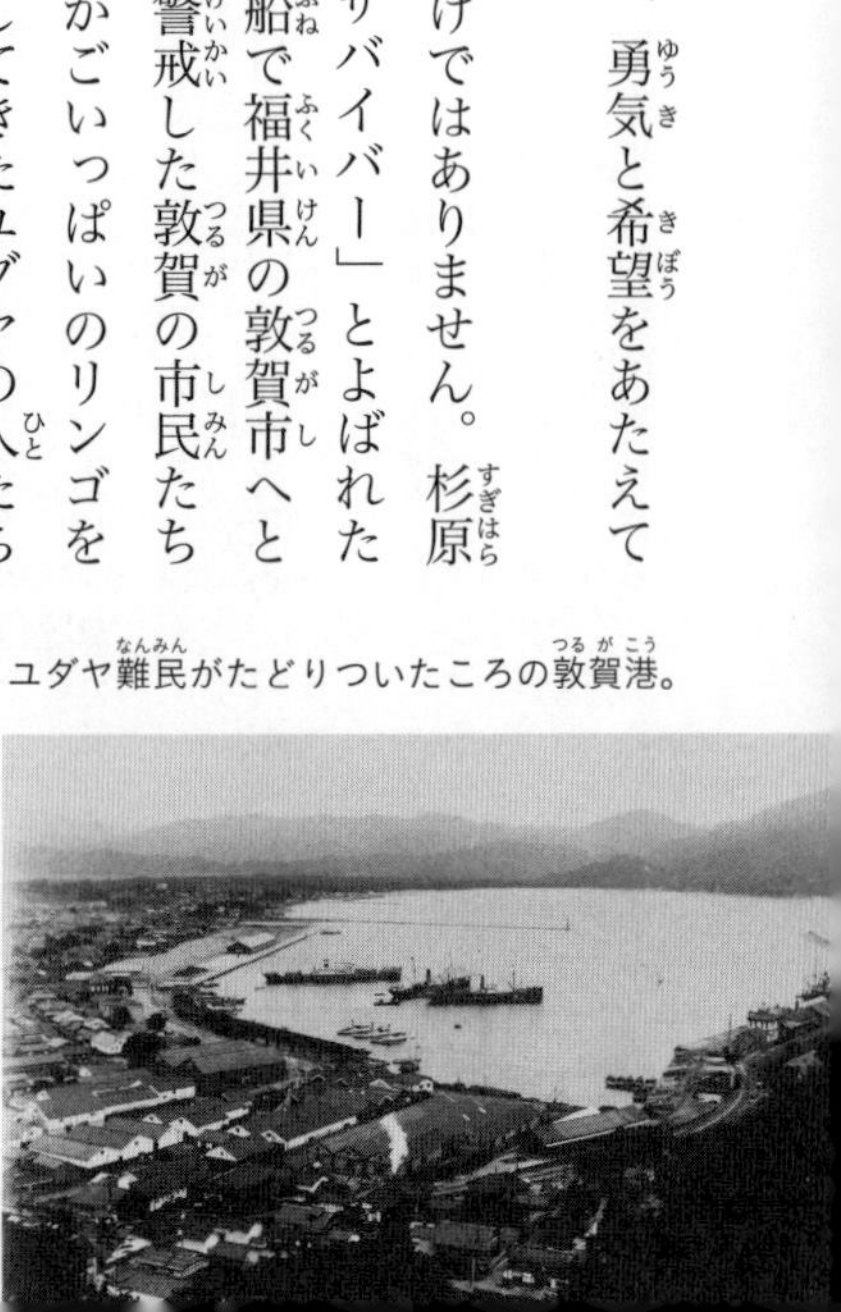
ユダヤ難民《なんみん》がたどりついたころの敦賀港《つるがこう》。

多《おお》くのユダヤ人《じん》の
命《いのち》を守《まも》った

オスカー・シンドラー

杉原千畝《すぎはらちうね》は「日本《にっぽん》のシンドラー」ともよばれます。実業家《じつぎょうか》オスカー・シンドラーは、第二次世界大戦中《だいにじせかいたいせんちゅう》に、1000人《にん》をこえるユダヤ人《じん》の命《いのち》を守《まも》ったことで知《し》られています。

シンドラーは、ドイツ占領下《せんりょうか》のポーランドに工場《こうじょう》を開《ひら》き、強制居住区《きょうせいきょじゅうく》のユダヤ人《じん》を集《あつ》めました。やがてユダヤ人《じん》は収容所《しゅうようじょ》にうつされますが、シンドラーの工場《こうじょう》のユダヤ人《じん》は、収容所《しゅうようじょ》で看守《かんしゅ》にひどいあつかいをされるより、安心《あんしん》して生活《せいかつ》できました。

1944年《ねん》、戦争《せんそう》で不利《ふり》になったドイツは、つごうの悪《わる》いことをかくすために収容所《しゅうようじょ》を解体《かいたい》し、ユダヤ人《じん》を殺《ころ》そうと計画《けいかく》。それを知《し》ったシンドラーは、「新《あたら》しい工場《こうじょう》をつくるので、機械《きかい》になれた、技術《ぎじゅつ》の高《たか》いユダヤ人《じん》をそこへつれていく。よりよい製品《せいひん》をつくり、ドイツの勝利《しょうり》に貢献《こうけん》するためだ」と主張《しゅちょう》。これは軍《ぐん》に向《む》けての説明《せつめい》で、真《しん》の目的《もくてき》はユダヤ人《じん》の命《いのち》を守《まも》ることですが、ばれたら命《いのち》が危険《きけん》です。新《あたら》しい工場《こうじょう》にうつったユダヤ人《じん》は、ほとんどが無事《ぶじ》に終戦《しゅうせん》をむかえました。シンドラーは「ひとりの人間《にんげん》の命《いのち》をすくう者《もの》は、全世界《ぜんせかい》をすくう」と記《しる》された指輪《ゆびわ》をおくられます。材料《ざいりょう》は助《たす》けられたユダヤ人《じん》の金《きん》の入《い》れ歯《ば》。なにももたないユダヤ人《じん》たちのありったけの感謝《かんしゃ》の印《しるし》でした。

アンネのバラ

1976年《ねん》6月《がつ》
アンネのバラが日本《にっぽん》の中学校《ちゅうがっこう》に

はらさちこ・文《ぶん》

12才《さい》のアンネ・フランクと自筆《じひつ》のサイン。

同《おな》じ人間《にんげん》なのに、なぜこんなひどい目《め》にあうんだろう？　ユダヤ人《じん》というだけで迫害《はくがい》されたアンネ・フランクは「書《か》くことで人《ひと》びとの心《こころ》のなかに生《い》きつづけたい」と、日記《にっき》をつづりました。アンネの命《いのち》は日記《にっき》とバラにたくされて、遠《とお》く日本《にっぽん》へもとどいています。

1942年《ねん》6月《がつ》12日朝《にちあさ》、初夏《しょか》の木々《きぎ》の若葉《わかば》に、朝《あさ》の太陽《たいよう》がきらきら光《ひか》っています。この日《ひ》は、アンネ・フランクの13才《さい》の誕生日《たんじょうび》。とびおきたアンネは、窓《まど》を開《あ》けはなち、歌《うた》いだしたい気持《きも》ちをぐっとおさえ、父《ちち》のオットーと母《はは》のエーディトのところに行《い》きました。

「おはよう、アンネ。お誕生日《たんじょうび》おめでとう。贈《おく》り物《もの》は、居間《いま》のテーブルの上《うえ》よ。」

エーディトに言《い》われて居間《いま》に行《い》くと、テーブルの上《うえ》には、花《はな》やたくさんのお菓子《かし》、読《よ》みたかった新《あたら》しい本《ほん》、そして、赤《あか》と白《しろ》の格子縞《こうしじま》の日記《にっき》が置《お》いてありました。

「すてき！」

アンネはその日記《にっき》がひと目《め》で気《き》にいりました。

その日《ひ》の夜《よる》、アンネは日記《にっき》に「キティ」という名前《なまえ》をつけ、こうよびかけたのです。

「キティ、あなたにならだれにも話《はな》せなかった秘密《ひみつ》を打《う》ちあけられそう。どうかわたしの話《はなし》を聞《き》いてください。そして、わたしに力《ちから》をあたえてください。」

その日《ひ》からアンネは、毎日《まいにち》のように「親愛《しんあい》なるキティへ」「わたしの大切《たいせつ》なキティへ」と語《かた》りかけながら、自分《じぶん》の思《おも》いをつづりました。キティは、アンネの親友《しんゆう》となったのです。

アンネは、１９２９年《ねん》、ドイツの中西部《ちゅうせいぶ》フランクフルト市《し》で生《う》まれました。フランク家《け》は、ドイツに根《ね》をおろしたユダヤ人《じん》で、古《ふる》くから会《かい》社《しゃ》の社長《しゃちょう》や銀行家《ぎんこうか》が集《あつ》まる、ユダヤ人街《じんがい》の一角《いっかく》にくらしていました。父《ちち》のオットーは会社《かいしゃ》を経営《けいえい》していて、アンネは、裕福《ゆうふく》な家庭《かてい》でめぐまれた子《こ》ども時代《じだい》をすごしました。３才年《さいとし》上《うえ》のマルゴーは、おとなしくやさしい姉《あね》で、いつもアンネの味方《みかた》でした。

空想《くうそう》するのがすきで、好奇心《こうきしん》のかたまりのようなアンネは、ドイツ人《じん》のお手伝《てつだ》いさん、カティ夫人《ふじん》をこまらせてばかりでした。ある日《ひ》のこと、カティ夫人《ふじん》はなにげなく窓《まど》の外《そと》を見《み》てびっくり。雨《あめ》がふっているというのに、アンネが庭《にわ》の水《みず》たまりの中《なか》にぺったりとすわりこんで、わらっているのです。

父《ちち》オットーにだかれる２才《さい》のアンネと姉《あね》のマルゴー。

カティ夫人《ふじん》がアンネを家《いえ》の中《なか》へつれもどし、服《ふく》をぬがせてしかると、

「わたしね、水《みず》の精《せい》になっていたの。」

庭《にわ》の水《みず》たまりが、アンネにとっては、物語《ものがたり》の湖《みずうみ》に見《み》えたのでしょう。そこで、仲間《なかま》の水《みず》の精《せい》たちとたわむれていたというのです。それは、昨夜《さくや》カティ夫人《ふじん》がアンネに読《よ》んであげた童話《どうわ》のなかに出《で》てくる主人公《しゅじんこう》でした。

やんちゃなアンネでしたが、カティ夫人《ふじん》は、自分《じぶん》の話《はなし》をあきもせず聞《き》いて、そこに出《で》てくる動物《どうぶつ》や人《ひと》びとをたちまち自分《じぶん》の仲間《なかま》にしてしまうアンネの、ずばぬけた想像力《そうぞうりょく》と不思《ふし》議《ぎ》な魅力《みりょく》に、いつも目《め》を見《み》はる思《おも》いでした。

アンネにとって幸《しあわ》せな子《こ》ども時代《じだい》でしたが、世界《せかい》はしだいに不幸《ふこう》な戦争《せんそう》に向《む》かって歩《あゆ》みはじめていました。ドイツが世界《せかい》を相手《あいて》に戦《たたか》った第一次世界大戦《だいいちじせかいたいせん》で、オットーは、陸軍中《りくぐんちゅう》尉《い》としてドイツのために、戦場《せんじょう》に行《い》きました。

ドイツの敗北《はいぼく》で終《お》わったこの戦争《せんそう》で、ドイツの国内《こくない》はあれはて、ものが不足《ふそく》し、失業者《しつぎょうしゃ》があふれていました。そのなかでユダヤ人《じん》は、力《ちから》を合《あ》わせ、たがいにはげましあいながらけんめいにはたらいて、経済力《けいざいりょく》をつけていきました。

しかし、アンネが6才《さい》のとき、「ニュルンベルク法《ほう》」というユダヤ人《じん》を差別《さべつ》する法律《ほうりつ》が公布《こうふ》されました。それをつくったのは、ナチスの党首《とうしゅ》でドイツ首相《しゅしょう》でもあった、アドルフ・ヒトラーです。戦後《せんご》のまずしさからぬけだせないドイツ人《じん》にとって、お金持《かねも》ちのユダヤ人《じん》は目《め》の上《うえ》のこぶでした。ドイツ復興《ふっこう》のためにユダヤ人《じん》を追《お》いはらい、その財産《ざいさん》をうばって、ドイツ人《じん》だけで世界一強《せかいいちつよ》い国《くに》をつくろうとよびかけた独裁者《どくさいしゃ》ヒトラー。こうして、ヒトラーによるユダヤ人《じん》への迫害《はくがい》が始《はじ》まりました。

ドイツにいつまでもいられないと思《おも》ったオットーは、フランクフルトをはなれる決心《けっしん》をします。アンネの祖母《そぼ》のいる、ドイツのいちばん西《にし》にあるアーヘンという町《まち》にうつりすむことにしたのです。

「アンネ、すぐ出発《しゅっぱつ》するのだから、もうお洋服《ようふく》をよごしてはダメですよ。」

カティ夫人《ふじん》から注意《ちゅうい》されても、旅行《りょこう》だと言《い》われたアンネは、うれしくてとびはねています。でも、カティ夫人《ふじん》がいっしょでないことは不満《ふまん》だったのです。

「どうしていっしょに行《い》かないの？」

「これから、ひとり暮《ぐ》らしのわたしのおばあさんに会《あ》いに行《い》くのですよ。」

二度《にど》とフランクフルトにもどれないアンネを思《おも》うと、涙《なみだ》がこみあげてくるのをぐっとこらえ、カティ夫人《ふじん》はほほえみをうかべながら、うそをつきます。

「そう、それならしかたないわ。カティのおばあさんは、カティが来《く》るのを待《ま》っているんでしょうね。」

ユダヤ人《じん》と親《した》しくしている姿《すがた》を見《み》られると、ユダヤ人《じん》の味方《みかた》と思《おも》われて、さまざまないやがらせを受《う》けてしまうため、カティ夫人《ふじん》は少《すこ》しはなれた街角《まちかど》から一家《いっか》を見送《みおく》りました。それが、カティ夫人《ふじん》が見《み》たフランク一家《いっか》の最後《さいご》の姿《すがた》でした。

アンネたちがアーヘンでくらしている間《あいだ》、オットーはフランクフルトにもどり、オランダのアムステルダムに家族《かぞく》4人《にん》で住《す》むための準備《じゅんび》をしました。アムステルダムには、オットーの会社《かいしゃ》の支店《してん》があり、多《おお》くのユダヤ人《じん》が平和《へいわ》にくらしていたのです。

しばらくして、アムステルダムにうつりすんだアンネは、親友《しんゆう》ができました。ハンネリという名《な》の女《おんな》の子《こ》です。

ある日《ひ》、アンネはオットーにたずねました。

「どうしてユダヤ人《じん》は、きらわれなければいけないの？」

「アンネ、おまえはだれかからきらわれたのかい？」

「わたしじゃないわ、ハンネリよ。ユダヤ人《じん》は金貸《かねか》しだからって言《い》われて、学校《がっこう》でいじめられてるの。」

「そんなばかな！」

「お父《とう》さん、お金《かね》をかすのは悪《わる》いことなの？」

「お金《かね》が必要《ひつよう》な人《ひと》にとって、お金《かね》をかしてくれる人《ひと》がいなければこまるだろう。銀行《ぎんこう》は、お金《かね》をあずかって、必要《ひつよう》な人《ひと》にかす、大切《たいせつ》な仕事《しごと》をしている。この仕事《しごと》はユダヤ人《じん》だけでなく、ほかの国《くに》の人《ひと》もやっているんだ。ハンネリがいじめられるのは、ヒトラーがオランダ人《じん》とユダヤ人《じん》を仲《なか》たがいさせようとしているせいなんだよ。」

そのころ、ヒトラーは、オランダを攻撃《こうげき》し、占領《せんりょう》し、オランダ人《じん》の手《て》によって、ユダヤ人《じん》を迫害《はくがい》させようとしていたのです。オランダのユダヤ人狩《じんが》りが始《はじ》まっていました。そんなことがあるので、オットーは、アムステルダムに来《き》て、自分《じぶん》たちがユダヤ人《じん》であること

アムステルダムの学校《がっこう》でのアンネ。

をかくしていました。

「わたし、ハンネリをかばいきれなかったの。ユダヤ人《じん》をかばうとユダヤ人《じん》の味方《みかた》と思《おも》われるからやめなさいって、みんなが言《い》うの。わたし、もう少《すこ》しで『わたしもユダヤ人《じん》よ。』って言《い》いそうになったんだけど、ハンネリはなきながら家《いえ》に帰《かえ》ってしまったの。不《ふ》公平《こうへい》だわ。わたしだけ安全《あんぜん》だなんて。」

オットーは、なきじゃくるアンネの肩《かた》をだきました。

「ゆるしておくれ、アンネ。」

オットーには、差別《さべつ》をゆるせないアンネの気持《きも》ちがいたいほどにわかります。しかし、オットーは、家族《かぞく》を守《まも》るため、アンネたちに自分《じぶん》がユダヤ人《じん》であることをかくすように言《い》っていたのです。

「いまは、がまんのときなんだ。つらいときだけれど、わたしはユダヤ人《じん》であることを誇《ほこ》りに思《おも》っているよ。」

アンネは、どうしても自分《じぶん》がひきょうものに思《おも》えてなりません。でも、ゲシュタポ（ナチス・ドイツの秘密警察《ひみつけいさつ》）のトラックが、町《まち》のなかでユダヤ人《じん》をつれさってしまう毎日《まいにち》です。ユダヤ人《じん》を集《あつ》めた収容所《しゅうようじょ》につれていかれると、ほとんど、家族《かぞく》のもとへもどってくることはありません。

ユダヤ人《じん》に対《たい》するしめつけがきびしくなっていくのがわかるアンネには、これ以上《いじょう》オットーを心配《しんぱい》させることはできませんでした。

オランダを占領《せんりょう》しているヒトラーのユダヤ人《じん》への迫害《はくがい》は、どんどんはげしくなります。ユダヤ人《じん》の子《こ》どもは、オランダの学校《がっこう》から追放《ついほう》せよ、という命令《めいれい》まで出《だ》されました。

1941年《ねん》、アンネは、ユダヤ人中学校《じんちゅうがっこう》へ進学《しんがく》しました。

オットーは、自分《じぶん》の経営《けいえい》していた会社《かいしゃ》をドイツ軍《ぐん》に没収《ぼっしゅう》される前《まえ》に、いっしょに会社《かいしゃ》を経営《けいえい》していた人《ひと》にゆずり、社長《しゃちょう》をやめました。会社《かいしゃ》の人《ひと》はみんな、オットーの人柄《ひとがら》を尊敬《そんけい》していて、口《くち》のかたい人《ひと》ばかりです。彼《かれ》らはひそかに、オットーが、いままでどおりに給《きゅう》料《りょう》を受《う》けとれるようにしてくれました。そんな心《こころ》やさしく勇気《ゆうき》あるオランダ人《じん》もいました。しかし、また、ナチス・ドイツの手先《てさき》となる組織《そしき》もつくられました。その組織《そしき》は、ユダヤ人狩《じんが》りをして、その月《つき》に何人《なんにん》つかまえるかの目標《もくひょう》を決《き》めていました。

ヒトラーは、「オランダに住《す》む外国人《がいこくじん》は、すべて役所《やくしょ》に登録《とうろく》せよ」と命令《めいれい》しました。登《とう》録《ろく》をしないと、オランダに住《す》むことはできません。オットーは、しかたなくユダヤ人《じん》として役所《やくしょ》に登録《とうろく》しました。

登録《とうろく》したユダヤ人全員《じんぜんいん》に、「衣服《いふく》の胸《むね》に、ユダヤ人《じん》であることをしめす『ダビデの星《ほし》』をつけること」という命令《めいれい》が出《で》ました。外出《がいしゅつ》するとき、マークをつけていなければ、命令《めいれい》にそむいた、ユダヤ人《じん》であることをかくした、とすぐにつかまってしまいます。

でも、きちんとマークをつけていたとしても、ユダヤ人《じん》を収容所《しゅうようじょ》に送《おく》る出頭命令《しゅっとうめいれい》は、突《とつ》然《ぜん》に送《おく》られてくるのです。

7月5日《がついつか》の午後《ごご》、郵便受《ゆうびんう》けに、ダビデの星《ほし》の色《いろ》、黄色《きいろ》のハガキがとどきました。そこには、姉《あね》マルゴーへ、役所《やくしょ》に出頭《しゅっとう》するように書《か》いてありました。出頭《しゅっとう》したら、収容所《しゅうようじょ》につれていかれてしまいます。オットーは、アンネとマルゴーに向《む》かって言《い》いました。

「いいかい、アンネもよくお聞《き》き。わたしたちは明日《あした》の朝《あさ》、一家《いっか》4人《にん》そろって、この家《いえ》から脱出《だっしゅつ》する。持《も》っていけるものはかぎられているので、必要《ひつよう》なものだけ準備《じゅんび》しなさい。」

アンネは自分《じぶん》の部屋《へや》に入《はい》ると、部屋《へや》の中《なか》を見《み》わたしました。どれもこれもが大切《たいせつ》なものばかりです。えらぶことなんてできません。あとからあとから涙《なみだ》があふれてきます。

「わたしがまっ先《さき》に入《い》れたもの、それはこの日記帳《にっきちょう》です。それからヘアカーラーとかハンカチ、教科書《きょうかしょ》、くし、古《ふる》い手紙《てがみ》など。」と、アンネは日記《にっき》「キティ」に書《か》いています。「キティ」は、かくれ家《が》生活《せいかつ》の間《あいだ》もずっと、気持《きも》ちを打《う》ちあける大切《たいせつ》な相手《あいて》となりました。

翌朝《よくちょう》、5時半《じはん》から準備《じゅんび》を始《はじ》め、通学《つうがく》や通勤《つうきん》の人《ひと》にまぎれて、かくれ家《が》に向《む》かいました。

「あそこだよ。」

このとき、アンネはかくれ家《が》について知《し》りませんでした。どこかはなれたところへ行《い》くのだと思《おも》っていたのです。実際《じっさい》は、住《す》んでいた家《いえ》から4キロほどはなれた、オットーの会《かい》社《しゃ》の建物《たてもの》にありました。

オットーの会社《かいしゃ》の建物《たてもの》の3階《がい》の踊《おど》り場《ば》には、くぐり戸《ど》のような扉《とびら》に本棚《ほんだな》をとりつけた「回転本棚《かいてんほんだな》」がありました。これがかくれ家《が》の入《い》り口《ぐち》です。ふだんは扉《とびら》だとわからないようになっているのです。扉《とびら》を開《あ》け、小《ちい》さな上《あ》がり段《だん》に足《あし》をかければ、そこはもう、アンネたちがこれから住《す》むところ。広《ひろ》くはありませんが、3階《がい》と4階《かい》にふたつずつ部屋《へや》がありま す。空想《くうそう》をすることが大《だい》すきなアンネにとっては、まるで扉《とびら》を開《あ》けた向《む》こうに物語《ものがたり》の世界《せかい》

外《そと》から見《み》たかくれ家《が》（左《ひだり》）とかくれ家《が》の入《い》り口《ぐち》（右《みぎ》）。

があるようです。

つながった建物《たてもの》の中《なか》に、オットーの会社《かいしゃ》があり、朝《あさ》8時《じ》から夕方《ゆうがた》5時《じ》までは会社《かいしゃ》の人《ひと》が仕事《しごと》をしています。建物《たてもの》は古《ふる》く、階段《かいだん》がきしむので、会社《かいしゃ》が開《あ》いている間《あいだ》は足音《あしおと》をしのばせなくてはなりません。トイレの水《みず》を流《なが》す音《おと》もひびくので、会社《かいしゃ》に人《ひと》がいる時間《じかん》は、水《みず》を流《なが》すことができませんでした。

新鮮《しんせん》な空気《くうき》をすって、外《そと》のようすも見《み》たかったアンネが、窓《まど》を開《あ》けようとすると、オットーがとんできて止《と》めました。人《ひと》が住《す》んでいないはずの建物《たてもの》の窓《まど》が開《あ》いていたり、人《ひと》の顔《かお》がのぞいていたりしたら、すぐにユダヤ人《じん》が身《み》をかくしていることがばれてしまうからです。

「がまんしなくてはならないことが多《おお》いけど、収容所《しゅうようじょ》につれていかれた人《ひと》のことを思《おも》えば、わたしたちは幸《しあわ》せよ。」

このかくれ家《が》に、アンネ一家《いっか》だけでなく、オットーの仕事仲間《しごとなかま》であるファン・ダーン一《いっ》家《か》も住《す》むことになりました。夫妻《ふさい》と16才《さい》になるひとり息子《むすこ》ペーターです。はじめは家族《かぞく》がふえてにぎやかになったのがうれしかったアンネですが、人《ひと》がふえるとトラブルもふえるものです。とくに、アンネの母《はは》エーディトとファン・ダーン夫人《ふじん》との仲《なか》がぎくしゃくしてきました。

ファン・ダーン家《け》はとてもお金持《かねも》ちで、何不自由《なにふじゆう》なく生活《せいかつ》してきた夫人《ふじん》はとてもわがまま。しょっちゅう夫婦《ふうふ》げんかをしています。両親《りょうしん》のけんかなど見《み》たことのないアンネは、おどろきました。

かくれ家生活《がせいかつ》のすべてが気《き》にいらなくて、文句《もんく》ばかり言《い》っているファン・ダーン夫人《ふじん》。アンネはがまんができず、「うんざりだわ。」と、言《い》います。

すると、ファン・ダーン夫人《ふじん》は、エーディトにくってかかります。

「子《こ》どものくせに生意気《なまいき》ね。女《おんな》の子《こ》のしつけができていないわね。」

みんながいらいらしながら、すごしていました。

そのうえ、オットーの知人《ちじん》の男《おとこ》の人《ひと》もくわわって、かくれ家《が》に、8人《にん》がいっしょにくらすことになりました。

息苦《いきぐる》しいかくれ家《が》での生活《せいかつ》のなか、アンネは目《め》かくしのカーテンをつけた窓《まど》のすきまから、外《そと》の世界《せかい》、空《そら》の色《いろ》や、裏庭《うらにわ》の木《き》や花《はな》を、こっそりと見《み》ていました。

1943年《ねん》が明《あ》けました。この年《とし》、ドイツとイタリアと日本《にっぽん》の同盟国《どうめいこく》に敵対《てきたい》する、アメリカやイギリスなどの連合軍《れんごうぐん》の反撃《はんげき》が始《はじ》まりました。毎晩何十機《まいばんなんじっき》という飛行機《ひこうき》が、ドイツ本土《ほんど》を爆撃《ばくげき》するためにオランダ上空《じょうくう》を通過《つうか》します。ドイツ軍《ぐん》はこれをうちおとそうと、大《たい》砲《ほう》をうちまくります。砲撃《ほうげき》が始《はじ》まると、アンネはこわくてしかたありません。オットーのベッドにもぐりこみ、しっかりとだいてもらいました。

14才《さい》の誕生日《たんじょうび》をむかえたアンネに、オットーが詩《し》をおくりました。

自分《じぶん》の欠点《けってん》は小《ちい》さく見《み》えるが、他人《たにん》の欠点《けってん》は、2倍《ばい》に大《おお》きく見《み》える。だから、人間《にんげん》というものは、他人《たにん》を批判《ひはん》しがちだという内容《ないよう》でした。

アンネは、わすれないように、それを大切《たいせつ》に日記《にっき》の間《あいだ》にしまいました。そして、生《い》きていることに感謝《かんしゃ》し、元気《げんき》を出《だ》して、希望《きぼう》をうしなわず、最後《さいご》までがんばろうと思《おも》いました。

そして、いつかかならず人《ひと》の役《やく》に立《た》つ人間《にんげん》になろうと、必《ひっ》死《し》に勉強《べんきょう》をつづけました。

そんなとき、いいニュースがとびこんできました。ドイツの同盟国《どうめいこく》であるイタリアが連合国側《れんごうこくがわ》に降伏《こうふく》したのです。ドイツにも連合軍《れんごうぐん》がくれば、ヒトラーによるユダヤ人差別《じんさべつ》は終《お》わるかもしれません。

ところが、仲間《なかま》のイタリアがやられ、連合軍《れんごうぐん》にせめこまれているドイツは、そのしかえしに、ユダヤ人《じん》を根絶《ねだ》やしにしようと、軍用犬《ぐんようけん》まで動員《どういん》していました。連合国《れんごうこく》の人《ひと》たちの、迫害《はくがい》されているユダヤ人《じん》を助《たす》けたいという願《ねが》いを、ふみにじったのです。

このかくれ家《が》に、いつゲシュタポがふみこんでくるかとい

いまものこるアンネの日記《にっき》。かくれ家《が》にいた13才《さい》のときに書《か》かれたページ。

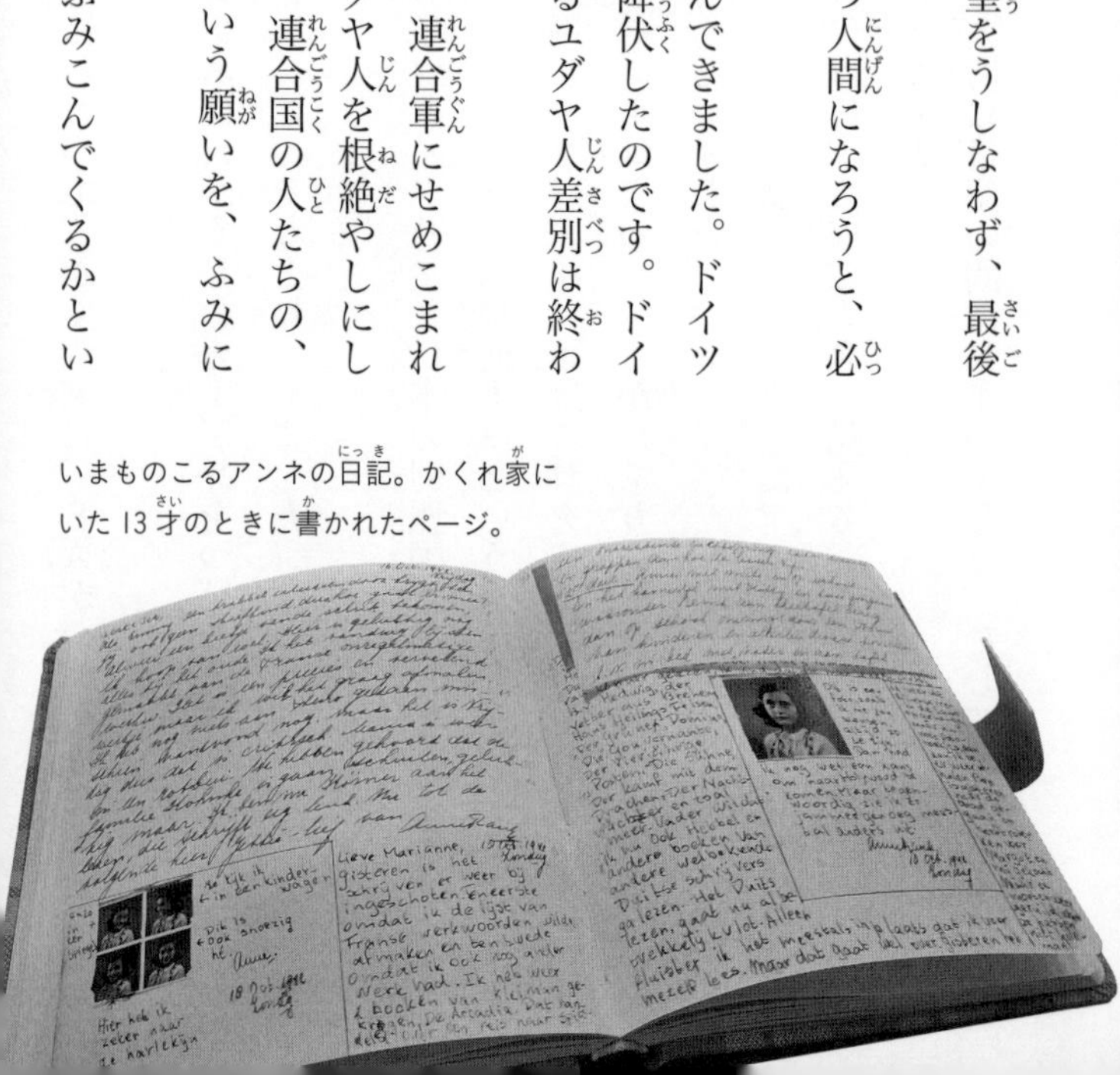

う恐怖《きょうふ》で、みんな、気持《きも》ちがおしつぶされそうになっています。そんな不安《ふあん》からのがれるために、アンネは、日記《にっき》だけでなく、ものを書《か》く習慣《しゅうかん》を身《み》につけました。書《か》いている親友《しんゆう》ハンネリを主人公《しゅじんこう》にした小説《しょうせつ》や、ほほえましい童話《どうわ》などを書《か》きました。希望《きぼう》をもやと、現実《げんじつ》をわすれられるからです。将来《しょうらい》は作家《さっか》かジャーナリストになろうと、希望をもやしていました。そして、書《か》くことで、たとえ自分《じぶん》が死《し》んでも、人々《ひとびと》の心《こころ》のなかで生《い》きつづけたいと思《おも》っていました。そう強《つよ》くねがうことで、苦《くる》しいことを乗《の》りこえられる心《こころ》の強《つよ》さを身《み》につけたのです。

1944年《ねん》8月《がつ》4日《よっか》、かくれ家《が》の前《まえ》に1台《だい》の車《くるま》が止《と》まりました。そして、中《なか》からあらわれたゲシュタポの警官《けいかん》が数人《すうにん》、かくれ家《が》へとふみこんできたのです。

「5分《ふん》だけ時間《じかん》をやる。したくをしろ。すぐにだ！」

と、どなります。みんな、無言《むごん》でしたくをし、トラックに乗《の》りこみました。

警官《けいかん》たちが出《で》ていったあと、アンネたちをかくまってくれていたオットーの会社《かいしゃ》の人《ひと》は、すぐさまかくれ家《が》に入《はい》り、アンネが書《か》いていた日記帳《にっきちょう》と、小説《しょうせつ》や童話《どうわ》の書《か》いてあるノートを見《み》つけ、大切《たいせつ》にしまいました。

アンネ一家《いっか》は、アムステルダムから、オランダ北部《ほくぶ》にあるヴェステルボルクの収容所《しゅうようじょ》に送《おく》られました。オットーは男性用《だんせいよう》、アンネたちは女性用《じょせいよう》の粗末《そまつ》な小屋《こや》に分《わ》けられ、電線《でんせん》をつくる強制労働《きょうせいろうどう》をさせられました。

むちを持《も》った看守《かんしゅ》に牛《うし》や馬《うま》のようにあつかわれましたが、好奇心《こうきしん》の強《つよ》いアンネは、かくれ家《が》にいるときよりも楽《たの》しそうにふるまってみせました。

「どんなところにいても、わたしは、心《こころ》の自由《じゆう》をうしなわないわ。」

アンネは、ヨーロッパ各地《かくち》からとらわれてきた人《ひと》びとに、故郷《こきょう》や昔《むかし》の暮《く》らしについてたくさん質問《しつもん》をしました。アンネと話《はなし》をした人《ひと》は、質問《しつもん》に答《こた》えることで、昔《むかし》の幸福《こうふく》なころを思《おも》いだしました。どんなときも希望《きぼう》をうしなわないアンネと話《はな》すうちに、だれもが、希望《きぼう》をもちなおすようになりました。

収容所《しゅうようじょ》の暮《く》らしでアンネの母《はは》エーディトは、心《こころ》と体《からだ》を病《や》んでしまいます。アンネも病気《びょうき》になってしまいました。そんなふたりのために、オットーは毎晩《まいばん》たずねてきて、何時間《なんじかん》でも話《はなし》をしてくれました。

アンネは、同《おな》じ収容所《しゅうようじょ》の子《こ》どもが病気《びょうき》になると、オットーにしてもらったとおりのことをその子《こ》たちにしてあげました。アンネは、収容所《しゅうようじょ》の人《ひと》たちの、将来《しょうらい》への希望《きぼう》のシンボルになっていました。

そのころ、連合軍《れんごうぐん》と協力《きょうりょく》したパリの市民《しみん》たちが、パリを占領《せんりょう》していたドイツ軍《ぐん》を追《お》いだし、自分《じぶん》たちの町《まち》をとりもどしました。アンネは、このパリ解放《かいほう》のニュースをつたえて歩《ある》く係《かかり》を引《ひ》きうけました。ニュースを聞《き》いた相手《あいて》がよろこぶ姿《すがた》を見《み》て、自分《じぶん》のことのようによろこんだのです。

１９４４年《ねん》９月２日《がつふつか》、１０００人《にん》のユダヤ人《じん》に移動命令《いどうめいれい》が出《だ》されました。３日間《みっかかん》貨物列車《かもつれっしゃ》におしこめられ、着《つ》いたところは、ポーランドにあるアウシュヴィッツ収容所《しゅうようじょ》です。男性用《だんせいよう》と女性用《じょせいよう》に分《わ》けられ、アンネたちは、またも

アンネがつれていかれたアウシュヴィッツ収容所《しゅうようじょ》。

オットーとはなればなれです。

「収容所《しゅうようじょ》まで歩《ある》いて1時間《じかん》だ。子《こ》どもと病人《びょうにん》はトラックに乗《の》れ！」

体《からだ》の弱《よわ》っているエーディトを乗《の》せてやりたくても、定員以上《ていいんいじょう》の人《ひと》がトラックにむらがって、とても無理《むり》です。けれども、トラックに乗《の》った人《ひと》たちは、だれひとりとして生《い》きて収《しゅう》容所《ようじょ》に着《つ》きませんでした。トラックが出発《しゅっぱつ》してすぐに、全員殺《ぜんいんころ》されてしまったのです。

収容所《しゅうようじょ》に着《つ》いたとたん、アンネたちは全員髪《ぜんいんかみ》を丸刈《まるが》りにされました。手入《てい》れをかかさなかったつやのある黒髪《くろかみ》は、刈《か》りとられ、髪《かみ》の山《やま》の上《うえ》に落《お》ちました。

つれていかれた小屋《こや》には、3段《だん》ベッドがならび、1段《だん》に2、3人《にん》でねなければなりません。食事《しょくじ》はひどく、多《おお》くの人《ひと》が病気《びょうき》になっています。毎朝《まいあさ》、小屋《こや》の表《おもて》に整列《せいれつ》させられ、名《な》前《まえ》をよばれます。

病気《びょうき》にかかっている人《ひと》は、ガス室《しつ》に送《おく》られます。ガス室《しつ》では、天井《てんじょう》から毒《どく》ガスが噴射《ふんしゃ》され、生《い》きてもどることはありません。アウシュヴィッツ収容所所長《しゅうようじょしょちょう》は、ヒトラーから、毎《まい》日決《にちき》まった数《かず》のユダヤ人《じん》を殺《ころ》せと命令《めいれい》を受《う》けていました。

ガス室《しつ》へ送《おく》られる少女《しょうじょ》たちを見送《みおく》りながら、アンネはなきました。みんなもう涙《なみだ》がかれはてていたのに、アンネはいつまでも人《ひと》の痛《いた》みを受《う》けとめていました。

やがてアンネとマルゴーは、ドイツのベルゲン・ベルゼン収容所《しゅうようじょ》にうつされることになりました。

アウシュヴィッツにのこされ、娘《むすめ》たちとはなればなれになった母《はは》のエーディトは、そのあと、病気《びょうき》で亡《な》くなりました。

ベルゲン・ベルゼン収容所《しゅうようじょ》には、アウシュヴィッツを上回《うわまわ》る地獄《じごく》が待《ま》っていました。労働《ろうどう》させられることがない代《か》わりに、食《た》べ物《もの》はほとんどありません。地面《じめん》にじかにねるのです。伝染病《でんせんびょう》がはやり、バタバタと人《ひと》が死《し》んでいきます。マルゴーもその魔《ま》の手《て》にかかり、アンネの必死《ひっし》の介抱《かいほう》もむなしく、死《し》んでしまいました。

マルゴーが死《し》に、生《い》きる希望《きぼう》をうしなったアンネも、あとを追《お》うように、力《ちから》つきてしまいました。１９４５年《ねん》2月《がつ》のことです。15年《ねん》の短《みじか》い生涯《しょうがい》でした。

アンネが亡《な》くなり、わずか2か月後《げつご》の4月《がつ》30日《にち》。６００万人《まんにん》のユダヤ人《じん》を殺《ころ》したヒトラーは、力《ちから》つきたドイツが、連合軍《れんごうぐん》に勝利《しょうり》することはありえないとさとって自殺《じさつ》しました。そして、5月7日《がつなのか》、ドイツは降伏《こうふく》したのです。

なんとか生《い》きのこったオットーは、6月3日《がつみっか》にアムステルダムに帰《かえ》りました。必死《ひっし》で家族《かぞく》の行方《ゆくえ》をさがしましたが、収容所《しゅうようじょ》の仲間《なかま》から、エーディトとアンネ、マルゴーの死《し》を知《し》らされます。

「なんのために、わたしだけが生《い》きのこったのだろう。」

力《ちから》を落《お》としたオットーの前《まえ》に、アンネの形見《かたみ》の日記《にっき》「キティ」と、ノートがさしだされました。オットーの会社《かいしゃ》の人《ひと》が、かくれ家《が》から持《も》ちだし、守《まも》っておいてくれたのです。

そこには、アンネの苦《くる》しみと成長《せいちょう》の姿《すがた》がつづられていました。

オットーは、アンネの遺志《いし》をつぎ、二度《にど》と戦争《せんそう》や人種差別《じんしゅさべつ》を起《お》こさないためにも、多《おお》くの人《ひと》に、ユダヤ人《じん》たちが体験《たいけん》した事実《じじつ》を知《し》ってほしいとねがい、日記《にっき》を出版《しゅっぱん》することにしました。

なやみや苦《くる》しみを克服《こくふく》し、自由《じゆう》をうばわれながらも、未来《みらい》への希望《きぼう》をうしなわず強《つよ》く生《い》きたアンネの姿《すがた》は、世界中《せかいじゅう》の人《ひと》に希望《きぼう》と勇気《ゆうき》をあたえています。「書《か》くことで人《ひと》びとの心《こころ》のなかに生《い》きつづけたい」というアンネの願《ねが》いは、かなったのです。

アンネは、かくれ家生活《がせいかつ》の間《あいだ》、開《あ》けてはいけないはずの窓《まど》のすきまから、外《そと》の世界《せかい》を、空《そら》や木《き》や花《はな》を見《み》るのがすきでした。なかでもすきだったのがバラの花《はな》です。

ただひとり生《い》きのびたオットーは、1952年《ねん》、スイスにうつりすみます。

1959年《ねん》、スイスでオットーはベルギーの園芸家《えんげいか》に出会《であ》い、アンネがバラをすきだったことを話《はな》しました。

園芸家《えんげいか》は、より美《うつく》しいバラを目指《めざ》して品種改良《ひんしゅかいりょう》をくりかえし、8年《ねん》かけて新《あたら》しいバラを生《う》みだしました。そしてそのバラを「アンネ・フランクの形見《かたみ》」と名《な》づけてくれました。

オットーは、アンネの名《な》がついたバラを家《いえ》の庭《にわ》で大切《たいせつ》に育《そだ》てました。

つぼみのときは深紅《しんく》、開花《かいか》するとオレンジ色《いろ》……。成長《せいちょう》するにつれて、くるくると表情《ひょうじょう》をかえるところは、好奇心《こうきしん》にあふれていたアンネそっくりです。

バラは、アンネの生《う》まれかわりのように、しずかにアンネの思《おも》いをつたえていました。

それから50年《ねん》ほど経《た》った日本《にっぽん》。

2015年《ねん》5月《がつ》16日《にち》、東京都杉並区《とうきょうとすぎなみく》の高井戸中学校《たかいどちゅうがっこう》では、ある記念式典《きねんしきてん》が行《おこな》われていました。全校生徒《ぜんこうせいと》や卒業生《そつぎょうせい》、地域《ちいき》の人《ひと》びとが出席《しゅっせき》した式典《しきてん》の主役《しゅやく》は、バラです。学校《がっこう》の正門《せいもん》をぐるると、その両側《りょうがわ》に160株《かぶ》をこえるバラが、つぼみをほころばせています。アンネ・フランクの形見《かたみ》のバラです。

なぜ、日本《にっぽん》の中学校《ちゅうがっこう》にアンネのバラがさいているのでしょう。

1974年《ねん》。高井戸中学校《たかいどちゅうがっこう》の小林桂三郎先生《こばやしけいざぶろうせんせい》は、国語《こくご》の授業《じゅぎょう》で、アンネの日記《にっき》のことをとりあげました。

自分《じぶん》たちと同《おな》じ年代《ねんだい》の、アンネの生《い》きる姿《すがた》に心打《こころう》たれた生徒《せいと》たちは、それぞれがアンネへの手紙《てがみ》を書《か》きました。また、「アンネ・フランクに寄《よ》せる手紙編集委員会《てがみへんしゅういいんかい》」を立《た》ちあげて、手紙《てがみ》をまとめた文集《ぶんしゅう》『暗《くら》い炎《ほのお》の後《あと》に』をつくりました。そして、翌年《よくねん》、スイスにいるアンネの父《ちち》、オットー・フランクに、その文集《ぶんしゅう》を送《おく》ったのです。

また、小林先生《こばやしせんせい》は、授業《じゅぎょう》でアンネのバラの話《はなし》をしました。するとオットーからおくられたバラを育《そだ》てている人《ひと》が京都《きょうと》にいる、と知《し》った生徒《せいと》たちから、自分《じぶん》たちも、アンネのバラを学校《がっこう》で育《そだ》てたいという声《こえ》があがりました。

生徒《せいと》たちの思《おも》いは、オットーと親《した》しく、バラをおくられた、京都《きょうと》の聖《せい》イエス会《かい》嵯峨野教《さがのきょう》会《かい》の大槻道子《おおつきみちこ》さんから、オットーにつたえられました。

アンネの死《し》から30年《ねん》も経《た》っているのに、遠《とお》い日本《にっぽん》のわかい人《ひと》たちの心《こころ》に、いまもアンネの願《ねが》いがとどいている……。

オットーは、深《ふか》く感動《かんどう》して、スイスからバラの苗《なえ》を送《おく》ると約束《やくそく》したのです。

生徒《せいと》たちは、学校《がっこう》にアンネのバラを植《う》える準備《じゅんび》をしながら待《ま》ちました。

1976年《ねん》6月《がつ》12日《にち》、待《ま》ちに待《ま》ったアンネのバラ3株《かぶ》が、高井戸中学校《たかいどちゅうがっこう》にとどきます。

卒業《そつぎょう》して高校生《こうこうせい》になった生徒《せいと》たちも、学校《がっこう》に集《あつ》まりました。

その日《ひ》はなんとアンネの誕生日《たんじょうび》でした。

高井戸中学校《たかいどちゅうがっこう》に植《う》えられたアンネのバラは、何年《なんねん》もかけて少《すこ》しずつその数《かず》をふやしていきました。

編集委員《へんしゅういいん》の卒業生《そつぎょうせい》たちは、後輩《こうはい》たちにどうつたえたらよいか、話《はな》し合《あ》いを重《かさ》ね、立《た》て札《ふだ》にこう記《しる》したのです。

暗《くら》い戦争《せんそう》の炎《ほのお》の中《なか》に死《し》んでいったアンネ・フランクの魂《たましい》のために、ヨーロッパの園芸《えんげい》家《か》が薔薇《ばら》をつくり、アンネの父《ちち》、オットー氏《し》に贈《おく》った。それが多《おお》くの人々《ひとびと》の善意《ぜんい》により、この遠《とお》い日本《にっぽん》の地《ち》に根付《ねづ》く。この世《よ》の人々《ひとびと》が手《て》をつなぎ合《あ》って、永遠《えいえん》に幸《しあわ》せを守《まも》り続《つづ》けられるようにと、心《こころ》からの願《ねが》いをこめて、この薔薇《ばら》を育《そだ》てていこう。私達《わたしたち》は決《けっ》してこの薔薇《ばら》を枯《か》らしてはならない。

アンネ・フランクに寄《よ》せる手紙編集委員会《てがみへんしゅういいんかい》

その後《ご》、高井戸中学校《たかいどちゅうがっこう》のバラは長《なが》い歴史《れきし》のなか、何度《なんど》もかれそうになりました。生徒《せいと》たちは、いのるようにさし木《き》で株《かぶ》をふやす作業《さぎょう》を行《おこな》い、命《いのち》をつなぎました。

2004年《ねん》、高井戸中学校《たかいどちゅうがっこう》の生徒《せいと》たちは「アンネのバラ委員会《いいんかい》」を立《た》ちあげ、これからもアンネのバラのバトンをつないでいく決意《けつい》を、新《あら》たにしました。

わずか3株《かぶ》の苗《なえ》に始《はじ》まったアンネのバラ。いまでは、初夏《しょか》になると真紅《しんく》のつぼみをつけ、オレンジ色《いろ》に花開《はなひら》き、さらに色《いろ》をかえながら無数《むすう》にさきほこっています。

平和《へいわ》への願《ねが》いがたくされたバ

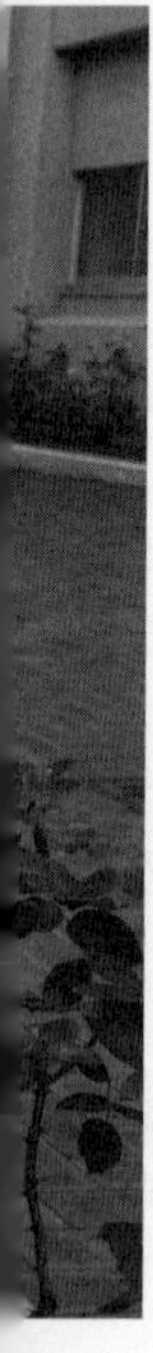

ラは、いまでは全国《ぜんこく》で育《そだ》てられています。アンネのバラは、スイスから日本《にっぽん》へ、そして学校《がっこう》の内《うち》から外《そと》へと広《ひろ》がりました。

戦争《せんそう》が終《お》わってから70年《ねん》。

生徒《せいと》たちがアンネのバラを育《そだ》てたいと、オットーにつたえてから40年《ねん》。

毎年《まいねん》やってくる美《うつく》しいバラの季節《きせつ》。

それをだれよりも楽《たの》しみにしているのは……？

もちろん、アンネ・フランクです。

高井戸中学校《たかいどちゅうがっこう》にさく
アンネのバラ。

写真：『アンネのバラ～40年間つないできた平和のバトン』（國森康弘、講談社）より

盲導犬《もうどうけん》と奇跡《きせき》の脱出《だっしゅつ》

2001年《ねん》9月《がつ》
アメリカ同時多発《どうじたはつ》テロ事件《じけん》

国松俊英《くにまつとしひで》・文《ぶん》
杉原知子《すぎはらともこ》・絵《え》

盲導犬《もうどうけん》のロゼールとマイケル・ヒングソンさん。

ある日《ひ》突然《とつぜん》、平和《へいわ》な暮《く》らしが破壊《はかい》される。それがテロです。2001年《ねん》9月《がつ》、アメリカでイスラム過激派《かげきは》のテロリストが飛行機《ひこうき》を乗《の》っとり、そのままニューヨークの高層《こうそう》ビルに突入《とつにゅう》しました。そこから奇跡《きせき》の脱出《だっしゅつ》を果《は》たしたマイケルさんと盲導犬《もうどうけん》のお話《はなし》です。

マイケル・ヒングソンさんの会社《かいしゃ》は、アメリカ・ニューヨーク市《し》の、マンハッタンにあります。110階《かい》ある世界貿易《せかいぼうえき》センタービル北棟《ノースタワー》の78階《かい》です。そこは、高《たか》い高《たか》いビルが、いくつも立《た》ちならぶ場所《ばしょ》です。

2001年《ねん》9月《がつ》11日《にち》の朝《あさ》です。マイケルさんは、会社《かいしゃ》に来《き》て仕事《しごと》を始《はじ》めていました。仲間《なかま》のディビッドさんもやってきました。

「今日《きょう》も、元気《げんき》でやりましょう。」

マイケルさんは、あいさつをしました。その足《あし》もとには、盲導犬《もうどうけん》ロゼールがいます。

マイケルさんは、生《う》まれたときから両眼《りょうめ》の視力《しりょく》をうしなっていて、外《そと》に出《で》かけるときは、いつも盲導犬《もうどうけん》の助《たす》けをかります。

時計《とけい》の針《はり》が、8時《じ》46分《ぷん》を指《さ》したときです。

上《うえ》のほうで、ドーンというものすごい音《おと》がしました。

飛行機《ひこうき》が突入《とつにゅう》し、もえあがった世界貿易《せかいぼうえき》センタービルのふたつのタワー。

ビルは大《おお》きく身《み》ぶるいするように、ゆれました。ビルはひどくかたむいたのです。たなから、本《ほん》や紙《かみ》がばらばらっと落《お》ちました。天《てん》井《じょう》のタイルも、落《お》ちてきます。

「どうしたんだろう。なにかが、爆発《ばくはつ》したのだろうか。」

とても心配《しんぱい》です。おそろしいことが起《お》きたように思《おも》えました。ビルがたおれてしまうかもしれません。事務所《じむしょ》では、いすや、たなの品物《しなもの》があちこちにとんでいます。

ゆれるたびに、かべがはがれて落《お》ちました。

「ここにいると危険《きけん》だ。ぼくたちもにげよう。」

ディビッドさんが言《い》いました。

ふたりはにげることにしました。マイケルさんは、事務所《じむしょ》にいた人《ひと》に先《さき》ににげるように言《い》いました。それから、パソコンの電源《でんげん》を切《き》り、事務所《じむしょ》の戸《と》じまりをしっかりやりました。

エレベーターはあぶないので、非常階段《ひじょうかいだん》を歩《ある》いておりることにしました。

マイケルさんは、ロゼールのハーネス（盲導犬《もうどうけん》の体《からだ》につけている胴輪《どうわ》）をにぎりしめ、「前《まえ》へ」と声《こえ》をかけました。マイケルさんたちは、非常階段《ひじょうかいだん》をおりはじめました。

階段《かいだん》は、ひとつの階《かい》で19段《だん》。78階《かい》から1階《かい》まで、１４６３段《だん》、おりなければなりません。階段《かいだん》は、にげだす人《ひと》で大混雑《だいこんざつ》していました。一段一段《いちだんいちだん》、しっかりと歩《ある》いていきました。

マイケルさんは、生《う》まれたときから目《め》が見《み》えません。けれど、ふつうの小学校《しょうがっこう》に通《かよ》っていました。目《め》が見《み》えなくても、家《いえ》のまわりをひとりで歩《ある》きまわり、道《みち》のちがいやとくちょうをおぼえました。どこに行《い》くのも平気《へいき》でした。マイケルさんのするどい感覚《かんかく》が、非常階《ひじょうかい》段《だん》でも役《やく》に立《た》ちました。

8時《じ》55分《ふん》、68階《かい》まで来《き》ました。階段《かいだん》をおりる人《ひと》はふえました。ドアを開《あ》けると、けむりのにおいがしてきます。そのとき、上《うえ》から声《こえ》がしました。

「やけどをした人《ひと》が通《とお》ります。そこを空《あ》けてください。」

マイケルさんは、ロゼールを足《あし》もとに引《ひ》きよせました。

ひどいやけどをした女《おんな》の人《ひと》が運《はこ》ばれていきました。そのころ、上《うえ》の階《かい》では建物《たてもの》がこわれ、何百人《なんびゃくにん》もの人《ひと》が亡《な》くなっていました。

飛行機《ひこうき》が、ビルの90階《かい》のあたりにはげしくぶつかり、もえあがったのです。

おりていくと、女の人《おんなひと》がかべにもたれて、ぐったりしています。ディビッドさんが教《おし》えてくれました。苦《くる》しそうで立《た》ちあがれないようです。マイケルさんは、女の人《おんなひと》のそばに行《い》きました。

「だいじょうぶだ、ちゃんと出《で》られるよ。」

やさしくはげましました。女の人《おんなひと》は、足《あし》もとにいるロゼールの頭《あたま》をなでました。

「ありがとう、わたし歩《ある》くわ。」

それから深呼吸《しんこきゅう》をして、列《れつ》にもどりました。

そしてまた階段《かいだん》を歩《ある》きだしました。50階《かい》をすぎました。

そばにいるディビッドさんのようすがへんです。声《こえ》がふるえて、こわがっています。

「マイケル、おれたちはもうだめだ。きっと死《し》ぬよ。」

「ロゼールは、ちっともこわがっていない。犬《いぬ》は人《ひと》よりも危険《きけん》を感《かん》じとれる。ぼくらはきっと、下《した》に行《い》けるよ。」

マイケルさんは、ゆっくりと力強《ちからづよ》い言葉《ことば》で言《い》いました。

ディビッドさんの声《こえ》が明《あか》るくなりました。

「ありがとう。きっと助《たす》かろうな。」

また歩《ある》いて、マイケルさんたちは、40階《かい》をすぎました。階段《かいだん》の温度《おんど》は、どんどん高《たか》くなります。

34階《かい》に来《き》たとき、「水《みず》があるぞ」という声《こえ》がしました。だれかが、自動販売機《じどうはんばいき》から水《みず》のペットボトルを出《だ》して、みんなに配《くば》ってくれていました。

マイケルさんは先《さき》に少《すこ》し飲《の》み、ロゼールにもあげました。ロゼールはおいしそうに飲《の》みました。

30階《かい》に来《き》たとき、消防士《しょうぼうし》たちが上《あ》がってきました。ヘルメット、手《て》ぶくろ、エアータンクなど、大《おお》きな装備《そうび》をせおっていました。

消防士《しょうぼうし》たちは、ロゼールとおりてくるマイケルさんに気《き》がつき、声《こえ》をかけてきました。

「だいじょうぶですか。」

「がんばって、下《した》まで行《い》ってくださいよ。」

13階《がい》に来《く》ると、9時《じ》35分《ふん》になっていました。

もう少《すこ》しです。足《あし》はふらついています。空気《くうき》が悪《わる》く、のどがひりひりしました。みんなのろのろとおりていきます。
5、4、3、2階《かい》。地上《ちじょう》はすぐそこです。
「1階《かい》だぞー。」

やっとロビーにたどり着《つ》きました。

「ロゼール、よくがんばったね。」

マイケルさんはロゼールの頭《あたま》をなで、首《くび》をさすってやりました。ほんとうによくやりました。

地上《ちじょう》に出《で》ました。ニューヨークの太陽《たいよう》の光《ひかり》をあび、きれいな空気《くうき》をいっぱいすいました。

78階《かい》を出《で》て、1時間《じかん》1分《ぷん》が経《た》っていました。

外《そと》に出《で》られましたが、まだ危険《きけん》は去《さ》っていません。

「遠《とお》くににげろ、ここもあぶないぞー。」

おまわりさんがさけびました。

ゴオーッ、という音《おと》がして、ガラスや金属《きんぞく》、石《いし》などが落《お》ちてきました。

マイケルさんがいたビルが、くずれはじめたのです。

「死《し》ぬかもしれない。」

ビルがくずれ落《お》ちて、ちりの雲《くも》が、おそいかかってきました。

マイケルさんたちは、けんめいに走《はし》りました。そして、くずれ落《お》ちるビルからにげることができました。

ロゼールと信頼《しんらい》しあい、ひとつのチームでやってきたので、助《たす》かったのでした。

助《たす》かったマイケルさんとディビッドさんは、しっかりと手《て》をにぎりあいました。

ロゼールは、やさしい目《め》でふたりを見上《みあ》げていました。

くずれ落《お》ちた世界貿易《せかいぼうえき》センタービルの前《まえ》で救出作業《きゅうしゅつさぎょう》にあたる消防士《しょうぼうし》。

人間《にんげん》のために はたらく犬《いぬ》たち

地雷探知犬《じらいたんちけん》

盲導犬《もうどうけん》のほかに、人間《にんげん》のためにはたらいてくれる犬《いぬ》には、どんな犬《いぬ》がいるでしょう。警察犬《けいさつけん》や災害救助犬《さいがいきゅうじょけん》はよく知《し》られていますね。では、「地雷探知犬《じらいたんちけん》」って知《し》っていますか？

地雷《じらい》は、地面《じめん》にうめて使《つか》います。その上《うえ》を知《し》らずに人《ひと》が歩《ある》くと爆発《ばくはつ》するのです。戦争中《せんそうちゅう》、敵《てき》に対《たい》してしかけた兵器《へいき》ですが、人《ひと》を見《み》わける装置《そうち》などなく、無差別《むさべつ》にだれでもきずつけます。長《なが》く内戦《ないせん》がつづいたカンボジアなど、アジアやアフリカ、南《みなみ》アメリカほか多《おお》くの国《くに》に、いまも戦争中《せんそうちゅう》の地雷《じらい》がうめられたまま。ふつうの人《ひと》や子《こ》どもが突然《とつぜん》の爆発《ばくはつ》で命《いのち》を落《お》とし、手《て》や足《あし》をうしなっています。とても安心《あんしん》してくらすことはできません。

地雷《じらい》をさがし、安全《あんぜん》をとりもどす仕事《しごと》をしているのが、地雷探知犬《じらいたんちけん》です。人《ひと》の 5000 倍《ばい》も、するどい嗅覚《きゅうかく》（においをかぐ力《ちから》）で、火薬《かやく》のにおいをたよりに、地雷《じらい》のある場所《ばしょ》を人《ひと》に知《し》らせます。小《ちい》さなころから火薬《かやく》のにおいを教《おし》えこまれ、かぎとることに集中《しゅうちゅう》する訓練《くんれん》を受《う》けています。それでも、爆発《ばくはつ》の危険《きけん》ととなりあわせの仕事《しごと》です。犬《いぬ》たちは、人間《にんげん》を守《まも》るためにはたらいてくれています。けれど、地雷《じらい》をうめ、その危険《きけん》をつくったのは、わたしたち人間《にんげん》だということをわすれてはいけません。

疎開《そかい》した上山田温泉《かみやまだおんせん》で遠《えん》足《そく》に出《で》かけた子《こ》どもたち。道中《どうちゅう》、白《しろ》いリンゴの花《はな》がさいていた。野原《のはら》で写生《しゃせい》や、野球《やきゅう》をした。

命《いのち》を守《まも》った校長先生《こうちょうせんせい》

1945年《ねん》5月《がつ》 光明学校《こうめいがっこう》疎開《そかい》へ出発《しゅっぱつ》

小手鞠《こでまり》るい・文《ぶん》

大都市《だいとし》をおそうはげしい爆撃《ばくげき》。子《こ》どもたちは地方《ちほう》へ疎開《そかい》していきます。しかし、光明学《こうめいがっ》校《こう》の子《こ》どもたちは、体《からだ》が不自由《ふじゆう》であるという理由《りゆう》で、東京《とうきょう》にとりのこされてしまいます。松本保平《まつもとやすひら》校長《こうちょう》は立《た》ちあがりました。日本《にっぽん》で唯一《ゆいいつ》の学童疎開《がくどうそかい》が始《はじ》まります。

闇夜《やみよ》を切《き》りさいて、耳《みみ》をつんざくような空襲警報《くうしゅうけいほう》が鳴《な》りひびきます。
空《そら》から、ばらばらと、あられのようにふってくる、不気味《ぶきみ》な形《かたち》をした鉄《てつ》のつつ。
アメリカ軍《ぐん》の大型爆撃機《おおがたばくげきき》B《ビー》-29によって投下《とうか》された、焼夷弾《しょういだん》です。
地面《じめん》に落《お》ちた瞬間《しゅんかん》、大《おお》きな音《おと》を立《た》てて破裂《はれつ》し、油《あぶら》や化学物質《かがくぶっしつ》をまきちらします。
広《ひろ》がっていく油《あぶら》に火《ひ》がついて、あっという間《ま》に、あたりは火《ひ》の海《うみ》に。
赤《あか》ん坊《ぼう》をだきかかえて、にげまどう人《ひと》びと。水《みず》をもとめて、川《かわ》にとびこむ人《ひと》びと。
学校《がっこう》も家々《いえいえ》も田畑《たはた》も、なにもかもがやきつくされます。人《ひと》びとも、動物《どうぶつ》も、植物《しょくぶつ》も。

1944年《ねん》、日本《にっぽん》は、アメリカ、イギリス、オランダをはじめとする連合軍《れんごうぐん》を相手《あいて》に、勝《か》てる見《み》こみのまったくない戦争《せんそう》をつづけていました。
できるだけ大勢《おおぜい》の人間《にんげん》を一度《いちど》に殺《ころ》せるように、人口《じんこう》の多《おお》い都市《とし》をねらって、アメリカ軍《ぐん》は空《そら》から攻撃《こうげき》をしかけてきます。都会《とかい》に住《す》んでいる子《こ》どもたちを空襲《くうしゅう》から守《まも》るために、政《せい》府《ふ》は「学童疎開《がくどうそかい》」を実施《じっし》することにしました。対象《たいしょう》となったのは、国民学校初等科《こくみんがっこうしょとうか》（現在《げんざい》の小学校《しょうがっこう》）の3年生《ねんせい》から6年生《ねんせい》までの子《こ》どもたちです。空襲《くうしゅう》がさらにはげしくなった1945年《ねん》には、1・2年生《ねんせい》も対象《たいしょう》となり、最終的《さいしゅうてき》にはおよそ60万人《まんにん》の子《こ》どもたちが、家族《かぞく》といっしょにくらしていた家《いえ》をはなれ、遠《とお》い地方《ちほう》の町《まち》や村《むら》にある、寺《てら》や旅館《りょかん》などで集団生活《しゅうだんせいかつ》を送《おく》りました。親戚《しんせき》や知《し》りあいの家《いえ》に、あずけられた子《こ》どももいました。

しかしそのいっぽうで、たえず空襲《くうしゅう》の危険《きけん》にさらされている都会《とかい》に、とりのこされてしまった子《こ》どもたちもいました。

そのなかに、東京都立光明国民学校《とうきょうとりつこうめいこくみんがっこう》（現東京都立光明特別支援学校《げんとうきょうとりつこうめいとくべつしえんがっこう》）の子《こ》どもたちもふくまれていたのです。

なぜこの学校《がっこう》の子《こ》どもたちは、安全《あんぜん》な場所《ばしょ》に疎開《そかい》させてもらえなかったのでしょうか。

それは、光明学校《こうめいがっこう》が、体《からだ》の不自由《ふじゆう》な子《こ》どもたちの通《かよ》う学校《がっこう》だったからです。

体《からだ》の不自由《ふじゆう》な子《こ》どもたちは、大《おお》きくなっても、兵士《へいし》として国《くに》のために戦《たたか》うことができない。したがって、このような子《こ》どもたちを疎開《そかい》させる必要《ひつよう》はない。

政府《せいふ》や軍《ぐん》は、そのように考《かんが》えていました。

（こんなことがあって、いいのだろうか。体《からだ》が不自由《ふじゆう》だから、成長《せいちょう》しても国《くに》のために戦《たたか》えない、そんな理由《りゆう》によって、子《こ》どもたちのとうとい生命《せいめい》が見《み》すてられてしまっていいものだろうか。いいはずがない。）

光明学校《こうめいがっこう》の松本保平校長《まつもとやすひらこうちょう》は、子《こ》どもたちを空襲《くうしゅう》から守《まも》るために、行動《こうどう》を起《お》こすことにしました。

最初《さいしょ》にたずねたのは、光明学校《こうめいがっこう》のある世田谷区《せたがやく》の役所《やくしょ》です。

「体《からだ》の不自由《ふじゆう》な子《こ》どもたちの疎開《そかい》？　問題《もんだい》が大《おお》きすぎて、われわれの手《て》に負《お》えません。申《もう》し訳《わけ》ありませんが、ほかを当《あ》たってください。」

すげなく、ことわられました。

次《つぎ》にたずねたのは、東京都《とうきょうと》の学務課《がくむか》です。

「ふつうの学校《がっこう》の疎開先《そかいさき》をさがすだけで、手《て》いっぱいです。体《からだ》

松本保平校長《まつもとやすひらこうちょう》（1902～1988年《ねん》）。

の不自由《ふじゆう》な子《こ》どもたちのことまで、手《て》が回《まわ》りませんよ。」

東京都《とうきょうと》からも、見《み》はなされてしまいました。

松本校長《まつもとこうちょう》には、あきらめるつもりなど、まったくありません。

光明学校《こうめいがっこう》の子《こ》どもたちは、学《まな》ぶこと、遊《あそ》ぶことが大《だい》すきで、ひとりひとりに個性《こせい》があり、希望《きぼう》があり、意欲《いよく》があり、生《い》きる力《ちから》も、生《い》きたいとねがう気持《きも》ちもありました。そんな子《こ》どもたちの命《いのち》を、どんなことをしてでも守《まも》りぬかなくてはと、松本校長《まつもとこうちょう》は決意《けつい》を新《あら》たにしていたのです。

考《かんが》えに考《かんが》えた末《すえ》に、松本校長《まつもとこうちょう》は、子《こ》どもたちの安全《あんぜん》を確保《かくほ》するための、ある方法《ほうほう》を思《おも》いつきました。

まず、世田谷区《せたがやく》にあった本校《ほんこう》の校庭《こうてい》と中庭《なかにわ》に、防空壕《ぼうくうごう》をほりました。防空壕《ぼうくうごう》というのは、地下《ちか》にもぐりこんで、爆撃《ばくげき》による被害《ひがい》をさけるための、大《おお》きくて深《ふか》い穴《あな》です。

また、教室《きょうしつ》には畳《たたみ》をしき、治療室《ちりょうしつ》4室《しつ》と寄宿舎《きしゅくしゃ》を共同生活《きょうどうせいかつ》ができるように整《ととの》え、学校内《がっこうない》で、先生《せんせい》と子《こ》どもたちがいっしょにくらせるようにしました。このようにすれば、空襲《くうしゅう》があったとき、先生《せんせい》たちは、歩《ある》けない子《こ》どもたちをだきかかえて、防空壕《ぼうくうごう》に避難《ひなん》することができます。

同《おな》じ東京《とうきょう》、つまり現地内《げんちない》での疎開《そかい》、という意味《いみ》をこめて、光明学校《こうめいがっこう》ではこの疎開《そかい》を「現《げん》地疎開《ちそかい》」とよんでいました。

1944年《ねん》8月1日《がつついたち》、光明学校《こうめいがっこう》の子《こ》どもたち59名《めい》は、世田谷区《せたがやく》にある本校《ほんこう》に現地疎開《げんちそかい》をしました。

アメリカ軍《ぐん》による空襲《くうしゅう》は、はげしくなるばかりです。日本《にっぽん》の敗戦《はいせん》は、ますます色《いろ》こくなってきています。けれども、日本《にっぽん》は戦争《せんそう》をやめようとしません。国民《こくみん》の最後《さいご》のひとりが死《し》ぬまで戦《たたか》うという「一億玉砕《いちおくぎょくさい》」を標語《ひょうご》にして、ひたすら戦争《せんそう》をつづけようとしていたのです。戦争《せんそう》による犠牲者《ぎせいしゃ》は、ふえていくばかりです。

光明学校《こうめいがっこう》の子《こ》どもたちが現地疎開《げんちそかい》を始《はじ》めて7か月《げつ》あまりがすぎた、1945年《ねん》3月9日《がつここのか》、深夜《しんや》。

東京《とうきょう》の下町《したまち》（現在《げんざい》の江東区《こうとうく》、台東区《たいとうく》、墨田区《すみだく》など）の上空《じょうくう》に、アメリカ軍《ぐん》の爆撃機《ばくげきき》が群《む》れをつくってあらわれました。

鳴《な》りひびく空襲警報《くうしゅうけいほう》に目《め》をさました子《こ》どもたちは、頭《あたま》に防空頭巾《ぼうくうずきん》をかぶって、防空壕《ぼうくうごう》にもぐりこみました。かつてなかったほど大規模《だいきぼ》な爆撃《ばくげき》が、おそいかかってきました。

光明学校《こうめいがっこう》の近《ちか》くにある根津山《ねづやま》から、日本軍《にほんぐん》がアメリカ軍機《ぐんき》をねらってうちあげる、高射砲《こうしゃほう》の爆音《ばくおん》も聞《き》こえてきます。

子《こ》どもたちと先生《せんせい》たちは、ひしと身《み》をよせあい、恐怖《きょうふ》でふるえながら、一刻《いっこく》も早《はや》く空襲《くうしゅう》が終《お》わってほしいと、そればかりをねがっていました。

松本校長《まつもとこうちょう》はひとり防空壕《ぼうくうごう》の外《そと》にいて、もえあがる夜空《よぞら》を見上《みあ》げながら、思《おも》っていました。

(江東《こうとう》のあたりがやられている。世田谷《せたがや》もすでに、安全《あんぜん》な地域《ちいき》とはいえなくなった。これ以上《いじょう》、子《こ》ども

一夜《いちや》にして焼《や》け野原《のはら》になった東京《とうきょう》。丸《まる》い建物《たてもの》は旧両国国技館《きゅうりょうごくこくぎかん》。

たちをここにおいておくことはできない。もっと安全《あんぜん》な場所《ばしょ》に疎開《そかい》させなくては……。）

この一晩《ひとばん》で亡《な》くなった人《ひと》の数《かず》は10万人《まんにん》をこえ、家《いえ》をやかれ住《す》む場所《ばしょ》をうしなった人《ひと》の数《かず》は100万人以上《まんにんいじょう》にものぼりました。

これが「東京大空襲《とうきょうだいくうしゅう》」です。亡《な》くなった子《こ》どもたちのなかには、卒業式《そつぎょうしき》に出席《しゅっせき》するために、学童疎開先《がくどうそかいさき》の地方《ちほう》から東京《とうきょう》へ、一時的《いちじてき》にもどってきていた6年生《ねんせい》も、多《おお》くふくまれていました。


東京大空襲《とうきょうだいくうしゅう》から2週間《しゅうかん》ほど経《た》った3月《がつ》26日《にち》。

松本校長《まつもとこうちょう》は、子《こ》どもたちの疎開先《そかいさき》をさがすために、長野市《ながのし》へ向《む》けて出発《しゅっぱつ》しました。

まず、東京都長野出張所《とうきょうとながのしゅっちょうじょ》をたずねます。

「いまごろ来《き》たって、空《あ》いている旅館《りょかん》なんて、1軒《けん》もありません。」

所長《しょちょう》は言《い》いはなちました。

長野県《ながのけん》は、東京《とうきょう》から疎開《そかい》してきた子《こ》どもたちの数《かず》が、日本《にっぽん》でもっとも多《おお》い県《けん》でした。そのときすでに、東京《とうきょう》から、3万《まん》6000人以上《にんいじょう》もの子《こ》どもたちが疎開《そかい》してきていたのです。

　がっかりしている松本校長《まつもとこうちょう》に、声《こえ》をかけてくれた人《ひと》がいました。

「もしかしたら、上山田温泉《かみやまだおんせん》だったら、まだ、空《あ》いている旅館《りょかん》があるかもしれませんよ。」

「ほんとうですか？」

　松本校長《まつもとこうちょう》は、その足《あし》で上山田温泉《かみやまだおんせん》へと向《む》かいます。ところが、

「疎開《そかい》の話《はなし》なら、いっさい会《あ》いたくありません。」

　期待《きたい》もむなしく、面会《めんかい》を申《もう》しこんだ上山田村《かみやまだむら》（現長野県千曲市《げんながのけんちくまし》）の若林村長《わかばやしそんちょう》から、すぐさまことわられてしまいます。

　ことわられたからといって、かんたんにあきらめてしまう松本校長《まつもとこうちょう》ではありません。

　それから3日間《みっかかん》にわたって、ねばり強《づよ》く何度《なんど》も、おねがいしつづけました。

「とにかく会《あ》ってください。」

「話《はなし》を聞《き》いてください。」

「聞《き》いてくださるだけでもかまいません。」

　もしもよい返事《へんじ》がもらえそうなときには、早朝《そうちょう》でも夜中《よなか》でも、ただちに外出《がいしゅつ》できるよう

に、身《み》じたくを整《ととの》えたままふとんに横《よこ》になっていました。そんな松本校長《まつもとこうちょう》の姿《すがた》を目《め》にした旅館《りょかん》の主人《しゅじん》は、松本校長《まつもとこうちょう》の熱意《ねつい》を知《し》り、若林村長《わかばやしそんちょう》の説得《せっとく》に乗《の》りだしました。

「一度《いちど》だけでも、会《あ》って、話《はなし》を聞《き》いてあげたらどうですか。」

松本校長《まつもとこうちょう》のとまっていた旅館《りょかん》の主人《しゅじん》は、村長《そんちょう》の知《し》りあいでした。この旅館《りょかん》の主人《しゅじん》の話《はなし》に胸《むね》を打《う》たれた村長《そんちょう》は、たとえ受《う》けいれる場所《ばしょ》がなくてもなんとかしなくてはならないと、ひそかに決心《けっしん》しました。

こうして、松本校長《まつもとこうちょう》はやっとのことで、村長《そんちょう》の若林正春《わかばやしまさはる》さんに会《あ》うことができたのです。

若林村長《わかばやしそんちょう》は、上山田《かみやまだ》ホテルの経営者《けいえいしゃ》でもありました。会《あ》ってみると、国《くに》から見《み》すてられた体《からだ》の不自由《ふじゆう》な子《こ》どもたちの命《いのち》を守《まも》りたい、という松本校長《まつもとこうちょう》の信念《しんねん》と情熱《じょうねつ》に、村長《そんちょう》はさらに心《こころ》を動《うご》かされました。

「わかりました、なんとかしましょう。」

若林村長《わかばやしそんちょう》はそう言《い》って、光明学校《こうめいがっこう》の子《こ》どもたちを、上山田《かみやまだ》ホテルにむかえいれることにしました。運《うん》のいいことに、それまで上山田《かみやまだ》ホテルで集団疎開生活《しゅうだんそかいせいかつ》を送《おく》っていた、東京都《とうきょうと》池袋第二国民学校《いけぶくろだいにこくみんがっこう》の子《こ》どもたち80名《めい》が、別《べつ》の村《むら》にうつったばかりだったのです。

「ありがとうございます。これはほとんど奇跡《きせき》のようなできごとです。」

松本校長《まつもとこうちょう》は何度《なんど》も頭《あたま》を下《さ》げて、若林村長《わかばやしそんちょう》にお礼《れい》の言葉《ことば》を述《の》べました。松本校長《まつもとこうちょう》の胸《むね》は、感謝《かんしゃ》の気持《きも》ちとよろこびで、いっぱいになっていました。

しかしながら、疎開先《そかいさき》が決《き》まったからといって、よろこんでばかりはいられません。まだまだ、乗《の》りこえなくてはならない関門《かんもん》があります。

東京《とうきょう》から長野県《ながのけん》まで、どのようにして移動《いどう》するのか。これが第《だい》一の関門《かんもん》です。

松本校長《まつもとこうちょう》は東京《とうきょう》にもどると、まっ先《さき》に東京鉄道局《とうきょうてつどうきょく》をたずねました。

「光明学校《こうめいがっこう》の子《こ》どもたちを、長野県《ながのけん》まで疎開《そかい》させたいと思《おも》います。そのために、列車《れっしゃ》1両《りょう》を貸《か》し切《き》りにしていただけませんか？」

光明学校《こうめいがっこう》の子《こ》どもたちのなかには、松葉《まつば》づえをつきながら歩《ある》く子《こ》もいますし、歩行《ほこう》のための器具《きぐ》を体《からだ》につけている子《こ》もいます。子《こ》どもたちの移動《いどう》や歩行《ほこう》を助《たす》けたり、荷物《にもつ》や器具《きぐ》を運《はこ》んだりする人《ひと》たちも、いっしょに長野県《ながのけん》まで行《い》く必要《ひつよう》があります。先生《せんせい》と子《こ》どもたち、お手伝《てつだ》いをしてくれる人《ひと》たちの人数《にんずう》を合《あ》わせると、おそらく100人以上《にんいじょう》になるでしょう。

こんな事情《じじょう》があって、松本校長《まつもとこうちょう》は「1両《りょう》を貸《か》し切《き》りに」とおねがいしたのです。

「できません。戦争中《せんそうちゅう》の、こんなきびしいご時世《じせい》に、体《からだ》の不自由《ふじゆう》な子《こ》どもたちのために列車《れっしゃ》を貸《か》し切《き》りにするなんて、できるわけがないでしょう。」

しかし、松本校長《まつもとこうちょう》は、食《く》いさがりました。そのころの列車《れっしゃ》は、本数《ほんすう》が少《すく》なく、乗《の》りたい人《ひと》があまりにも多《おお》いので、どの列車《れっしゃ》も満員《まんいん》でした。

「おねがいします。行《い》き先《さき》は決《き》まっているのです。あなたは、体《からだ》の不自由《ふじゆう》な子《こ》どもたちが満員列車《まんいんれっしゃ》に乗《の》せられ、ぎゅうぎゅうづめにされ、大人《おとな》たちにおしつぶされて、けがをしてもいいと思《おも》っているのですか?」

係員《かかりいん》はまゆをひそめて、だまっています。

「あなたは、子《こ》どもたちの命《いのち》を、見殺《みごろ》しにするつもりですか?」

ねばりにねばって、3回目《かいめ》の交渉《こうしょう》で、松本校長《まつもとこうちょう》はついに、1両《りょう》の車両《しゃりょう》を貸《か》し切《き》りにしてもらうことに成功《せいこう》しました。

さあ、次《つぎ》は第二《だい》の関門《かんもん》が待《ま》っています。引《ひ》っこしの荷《に》づくりをどうするか。

長野県《ながのけん》まで疎開《そかい》する子《こ》どもたちの人数《にんずう》は、50人《にん》あまり。

生活《せいかつ》に必要《ひつよう》なもの、約《やく》50人分《にんぶん》のふとん、これらにくわえて、光明学校《こうめいがっこう》の子《こ》どもたちにとって、なくてはならない、病気《びょうき》の治療《ちりょう》や歩行訓練《ほこうくんれん》のためのさまざまな器械《きかい》を運《はこ》ばなくてはなりません。大型《おおがた》の器具《きぐ》やこわれやすい器具《きぐ》もあります。

日々《ひび》の業務《ぎょうむ》に追《お》われて大《おお》いそがしの先生《せんせい》たちには、とうてい、50人分《にんぶん》もの引《ひ》っこしの荷《に》づくりをする時間《じかん》がありません。

(こまった、こまった、どうしよう。なにかいい知恵《ちえ》は、解決策《かいけつさく》はないものか。)

考《かん》えているうちに、松本校長《まつもとこうちょう》の頭《あたま》に、ひとつのアイディアがうかんできました。

(そうだ、軍《ぐん》の人《ひと》たちにたのんでみよう。)

校長先生《こうちょうせんせい》は、光明学校《こうめいがっこう》の近《ちか》くにあった軍《ぐん》の部隊《ぶたい》の本部《ほんぶ》をたずねました。

「引《ひ》っこしの荷《に》づくり？　ばかものめ、軍《ぐん》がそんなことをしている場合《ばあい》じゃないだろう！

こんなお国《くに》の非常時《ひじょうじ》に、ばかも休《やす》み休《やす》み言《い》え！」

軍人《ぐんじん》から、いきなり、どなられてしまいます。

そんなことは最初《さいしょ》から、覚悟《かくご》の上《うえ》でした。

松本校長《まつもとこうちょう》は、おだやかな笑《え》みをたたえて言《い》いました。

「おっしゃることはごもっともです。いまは非常時《ひじょうじ》です。だからこそ、こうしておねがいに来《き》たのです。これから本土決戦《ほんどけっせん》が始《はじ》まって、アメリカ軍《ぐん》が東京《とうきょう》までせめこんできたとき、体《からだ》の不自由《ふじゆう》な子《こ》どもたちがここにいては、あなたたち軍部《ぐんぶ》の足手《あしで》まといになってしまうでしょう。そんなことになってはたいへんです。戦争《せんそう》に勝《か》つためにこそ、光明学校《こうめいがっこう》の子《こ》どもたちを長野県《ながのけん》に疎開《そかい》させなくてはなりません。そのための引《ひ》っこしなのです。軍《ぐん》の助《たす》けが必要《ひつよう》なのです。」

「……なるほど。」

松本校長《まつもとこうちょう》の説明《せつめい》に納得《なっとく》した軍《ぐん》の隊長《たいちょう》は、隊員《たいいん》たちに命令《めいれい》して、引《ひ》っこしの荷《に》づくりをさせました。体《からだ》の不自由《ふじゆう》な子《こ》どもたちは「兵隊《へいたい》になれない、役《やく》に立《た》たない」と考《かんが》えていた軍部《ぐんぶ》を、うまく利用《りよう》したわけです。まさに、「知恵《ちえ》の勝利《しょうり》」といえるでしょう。

1945年《ねん》、5月《がつ》15日《にち》。

光明学校《こうめいがっこう》の子《こ》どもたちは、それまでくらしていた校舎《こうしゃ》に別《わか》れをつげ、東京《とうきょう》の上野駅《うえのえき》から、列車《れっしゃ》に乗《の》りこみました。午前《ごぜん》10時発《じはつ》、直江津《なおえつ》行きの列車《れっしゃ》です。

みんな、列車《れっしゃ》の窓《まど》に顔《かお》をおしつけるようにして、外《そと》の景色《けしき》を見《み》つめています。窓《まど》の外《そと》には、先《さき》の東京大空襲《とうきょうだいくうしゅう》でなにもかもがやきつくされた、まっ黒《くろ》な上野《うえの》の町《まち》が広《ひろ》がっていました。おそろしいながめでした。じつはそれからわずか10日後《とおかご》に、世田谷《せたがや》にも爆弾《ばくだん》が落《お》とされて、光明学校《こうめいがっこう》の校舎《こうしゃ》もやけおちてしまいます。あと10日《とおか》、疎開《そかい》がおくれていたら、子《こ》どもたちは全員《ぜんいん》、死《し》んでしまっていたかもしれません。

7時間《じかん》という長《なが》い列車《れっしゃ》の旅《たび》のあと、夕方《ゆうがた》になって、たどりついた戸倉駅《とぐらえき》には、つめたい雨《あめ》がしとしとふっていました。

子《こ》どもたちはみんな、心細《こころぼそ》くて、胸《むね》がしめつけられるような気持《きも》ちになっています。

これから行《い》く先《さき》には、どんな人《ひと》たちが、どんな生活《せいかつ》が待《ま》っているのだろう？

上山田温泉《かみやまだおんせん》というのは、上山田《かみやまだ》ホテルというのは、どんなところなのだろう？

いっしょに列車《れっしゃ》に乗《の》って見送《みおく》りに来《き》てくれた親《おや》たちとも、明日《あした》の朝《あさ》になったら、お別《わか》れです。

「帰《かえ》りたいよう。」

「つれて帰《かえ》ってー。」

「おかあさーん、おかあさーん。」

ホテルに着《つ》いた翌朝《よくあさ》、親《おや》との別《わか》れがつらくて、泣《な》きだす子《こ》どももいました。

ひとりが泣《な》きだすと、ほかの子《こ》も泣《な》きだします。ホテルのロビーには、子《こ》どもたちのなき声《ごえ》が、いつまでもいつまでも、ひびきわたっていました。

そんな子《こ》どもたちをささえたのは、上山田《かみやまだ》ホテルの人《ひと》たちと、寮母《りょうぼ》さんや保母《ほぼ》さんでした。夜《よる》になると、家族《かぞく》とはなればなれになったさびしさから泣《な》きだす子《こ》どもたちをだきしめ、いっしょに涙《なみだ》を流《なが》してくれました。

食事《しょくじ》の準備《じゅんび》、入浴《にゅうよく》の手伝《てつだ》い、洗濯《せんたく》、買《か》い物《もの》。保母《ほぼ》さんたちは朝《あさ》から晩《ばん》まで、ひたすら子《こ》どもたちのためにはたらきつづけました。そんな保母《ほぼ》さんの姿《すがた》に胸《むね》を打《う》たれたのは、村《むら》の

歩行練習《ほこうれんしゅう》のために出《で》かけた、ホテルの裏《うら》の城山《しろやま》の中腹《ちゅうふく》。豊《ゆた》かな自然《しぜん》に恵《めぐ》まれた土地《とち》には、花《はな》がさきみだれ、せみや小鳥《ことり》が鳴《な》いていた。

人《ひと》たちです。
（子《こ》どもたちのために、あんなにも一所懸命《いっしょけんめい》になっている。わたしたちも、光明学校《こうめいがっこう》の保母《ほぼ》さんを見習《みなら》おう。）
当時《とうじ》の東京《とうきょう》では、体《からだ》の不自由《ふじゆう》な人《ひと》たちは差別《さべつ》の目《め》で見《み》られることもあり、人目《ひとめ》を気《き》にせず自由《じゆう》に外《そと》を歩《ある》きまわることさえできませんでした。

しかし、上山田温泉《かみやまだおんせん》の村《むら》の人《ひと》びとは子《こ》どもたちを温《あたた》かく受《う》けいれます。山《やま》で歩《ある》く訓練《くんれん》をし、川《かわ》で水泳《すいえい》の練習《れんしゅう》にはげむ子《こ》どもたちをやさしく見守《みまも》ってくれました。

足《あし》や手《て》につけている器具《きぐ》のせいで、ホテルの床《ゆか》や大広間《おおひろま》の畳《たたみ》がぼろぼろになっても、ホテルの人《ひと》たちは文句《もんく》ひとつ言《い》いません。ただでさえ食《た》べ物《もの》が不足《ふそく》しているなか、村《むら》の人《ひと》びとは子《こ》どもたちのために野菜《やさい》をとどけてくれたり、魚《さかな》のとり方《かた》を教《おし》えてくれたりしました。

春《はる》の遠足《えんそく》で出《で》かけた十一面観音《じゅういちめんかんのん》の境内《けいだい》で記念撮影《きねんさつえい》。
晴天《せいてん》のもと、にこやかな表情《ひょうじょう》の子《こ》どもたち。

1945年《ねん》8月《がつ》、長《なが》くきびしく、つらかった戦争《せんそう》は終《お》わりました。

光明学校《こうめいがっこう》の子《こ》どもたちは、東京《とうきょう》に新《あたら》しい校舎《こうしゃ》が完成《かんせい》するまでの4年間《ねんかん》、美《うつく》しい自然《しぜん》にいだかれ、上山田温泉《かみやまだおんせん》の人《ひと》たちの温《あたた》かい心《こころ》に守《まも》られながら、この地《ち》でたくましく生《い》きぬいていったのです。

「成長《せいちょう》しても、兵士《へいし》として使《つか》えないから」という理由《りゆう》によって、国《くに》から見《み》すてられ、危険《きけん》な都会《とかい》に置《お》きざりにされようとしていた、体《からだ》の不自由《ふじゆう》な子《こ》どもたち——。

命《いのち》とは、かけがえのないものなのだ。どんな子《こ》にも、ひとりひとりに、同《おな》じ重《おも》さの命《いのち》が宿《やど》っている。

松本校長《まつもとこうちょう》の生涯《しょうがい》をとおして、つらぬかれた信念《しんねん》です。

戦時中《せんじちゅう》、そして戦後《せんご》の混乱期《こんらんき》も、光明学校《こうめいがっこう》の子《こ》どもたちのとうとい生命《せいめい》を守《まも》りつづけたのは、ゆるぎないこの信念《しんねん》と、愛《あい》と、献身《けんしん》の精神《せいしん》だったのでした。


本稿をまとめるにあたって、さまざまな面にわたりご協力いただきました、「光明学校の学童疎開を記録する会」の代表、松本昌介氏に敬意と感謝を表します。　筆者

空襲《くうしゅう》で焼失《しょうしつ》する前《まえ》の日比谷図書館《ひびやとしょかん》。

戦火《せんか》をのがれた40万冊《まんさつ》

1945年《ねん》5月《がつ》 日比谷図書館焼失《ひびやとしょかんしょうしつ》

工藤《くどう》 圭《けい》・文《ぶん》

藤原《ふじわら》ヒロコ・絵《え》

第二次世界大戦《だいにじせかいたいせん》がはげしさをますころ、日本《にっぽん》はアメリカ軍《ぐん》の空襲《くうしゅう》を受《う》けていました。建《たて》物《もの》がつぎつぎと爆破《ばくは》され、多《おお》くの命《いのち》がうばわれました。命《いのち》だけでなく貴重《きちょう》な本《ほん》たちももえてしまいました。そこで貴重《きちょう》な文化《ぶんか》を守《まも》るため、立《た》ちあがった人《ひと》たちがいました。

まだ昭和《しょうわ》が始《はじ》まったばかりの1927年《ねん》のことです。短髪《たんぱつ》でがっちりとした体格《たいかく》の、わらじをはいた男性《だんせい》が、手《て》を大《おお》きくふりながら「おうい。」とさけんで、あぜ道《みち》を大《おお》またで走《はし》っていました。

「ありゃあ、また、わらじの人《ひと》が来《き》たよ。」

くわで畑《はたけ》をたがやしていたおばあさんが、手《て》を休《やす》め、手《て》ぬぐいで額《ひたい》のあせをふきながら、走《はし》ってきた男性《だんせい》を見《み》て言《い》いました。

男性《だんせい》の名前《なまえ》は中田邦造《なかたくにぞう》といいます。石川県立図書館《いしかわけんりつとしょかん》につとめていて、いつも、みんなに本《ほん》を読《よ》んでもらうためにはどうしたらいいのかを考《かんが》え、それを実現《じつげん》するためなら、どこへでも出《で》かけるという行動力《こうどうりょく》の持《も》ち主《ぬし》でした。

「ばあちゃん、元気《げんき》だった？」

中田《なかた》さんがおばあさんの前《まえ》で止《と》まり、肩《かた》で息《いき》をしながら言《い》うと、おばあさんは少《すこ》しあきれたような口調《くちょう》で聞《き》きました。

「そんなもん、見《み》りゃわかるでしょ。それより、今日《きょう》はなにしに来《き》たの。」

「今度《こんど》、みんなで同《おな》じ本《ほん》を読《よ》んで感想《かんそう》を言《い》いあう、読書会《どくしょかい》というのを開《ひら》こうと思《おも》っていてね。そのことで打《う》ちあわせがあって、近《ちか》くまで来《き》たから。」

「ああ、そうかい。ところでな、このあいだ、あんたに言《い》われたから、はじめて図書館《としょかん》とやらに行《い》ったよ。本《ほん》がいっぱいあって、すごいところだねえ。」

「え、図書館《としょかん》へ行《い》ってくれたの。うれしいよ！」

中田《なかた》さんは、おばあさんの両手《りょうて》をぎゅっとにぎりしめ、何度《なんど》も上下《じょうげ》にふりました。最初《さいしょ》はあっけにとられていたおばあさんも、中田《なかた》さんの笑顔《えがお》を見《み》ているうちにうれしくなって、日《ひ》やけした顔《かお》によく目立《めだ》つ、白《しろ》い歯《は》を見《み》せてわらいました。

よい本《ほん》を読《よ》めば、心《こころ》がゆたかになる。それが中田《なかた》さんの考《かんが》え方《かた》でした。読書習慣《どくしょしゅうかん》のない人《ひと》や、子《こ》どもたちに、図書館《としょかん》や読書会《どくしょかい》を通《つう》じて良書《りょうしょ》を紹介《しょうかい》して読《よ》んでもらうことで、人《ひと》びとの生活《せいかつ》をゆたかにできると確信《かくしん》していました。

その後《ご》、石川県立図書館《いしかわけんりつとしょかん》の館長《かんちょう》になり、県内各地《けんないかくち》をとびまわって読書《どくしょ》のすばらしさをとき、読書会《どくしょかい》を広《ひろ》めていく中田《なかた》さんの活躍《かつやく》は、やがて全国《ぜんこく》に知《し》られるようになりました。１９４０年《ねん》から東京帝国大学附属《とうきょうていこくだいがくふぞく》図書館《としょかん》（現在《げんざい》の東京大学総合図書館《とうきょうだいがくそうごうとしょかん》）で仕事《しごと》をしたあと、１９４４年《ねん》７月《がつ》、47才《さい》で東京《とうきょう》の日比谷図書館《ひびやとしょかん》の館長《かんちょう》に就任《しゅうにん》することになりました。洋風建築《ようふうけんちく》の大《おお》きな図書館《としょかん》です。

このころ、東京《とうきょう》の図書館《としょかん》は、太平洋戦争《たいへいようせんそう》によって、いまだかつて経験《けいけん》したことのない大《おお》きな危機《きき》をむかえていました。

日本《にっぽん》の本土《ほんど》から南《みなみ》へおよそ２５００キロにあるマリアナ諸島《しょとう》がアメリカ軍《ぐん》の支配下《しはいか》に入《はい》り、大型爆撃機《おおがたばくげきき》Ｂ《ビー》－29による日本《にっぽん》本土《ほんど》への空襲《くうしゅう》がはげしさをますようになりました。それまでは中国《ちゅうごく》の成都《せいと》から出撃《しゅつげき》していたので、九州北部《きゅうしゅうほくぶ》までしか飛行《ひこう》できませんでしたが、日本《にっぽん》から近《ちか》いサイパン島《とう》から出撃《しゅつげき》すれば、とちゅうで給油《きゅうゆ》することなく、往復《おうふく》できるからです。

Ｂ《ビー》－29は東京《とうきょう》を空襲《くうしゅう》し、それ以降《いこう》、人《ひと》や建物《たてもの》をもやすため

の「焼夷弾《しょういだん》」を使《つか》って、何度《なんど》もおそってきました。

日比谷図書館《ひびやとしょかん》では、空襲《くうしゅう》の危機《きき》から蔵書《ぞうしょ》を守《まも》るため、ある計画《けいかく》を進《すす》めていて、リーダーとして中田《なかた》さんがまねかれたのです。着任後《ちゃくにんご》、中田《なかた》さんは東京《とうきょう》の状況《じょうきょう》を分析《ぶんせき》しながら慎重《しんちょう》に計画《けいかく》を進《すす》め、１９４５年《ねん》２月《がつ》、ある重要《じゅうよう》な人物《じんぶつ》に会《あ》う決断《けつだん》をしました。

図書館《としょかん》を出《で》ると、とちゅう、空襲警報《くうしゅうけいほう》のサイレンが鳴《な》りひびきました。上空《じょうくう》を見《み》た中田《なかた》さんの目《め》にうつったのは、爆撃機《ばくげきき》の姿《すがた》です。

「これは……急《いそ》がないといかん。」

もし、日比谷図書館《ひびやとしょかん》にも焼夷弾《しょういだん》を落《お》とされたら、たくさんの蔵書《ぞうしょ》と、この世《よ》に１冊《さつ》しかないような貴重《きちょう》な本《ほん》がやけてしまうでしょう。

中田《なかた》さんが向《む》かった先《さき》は、弘文荘《こうぶんそう》とよばれる屋敷《やしき》で

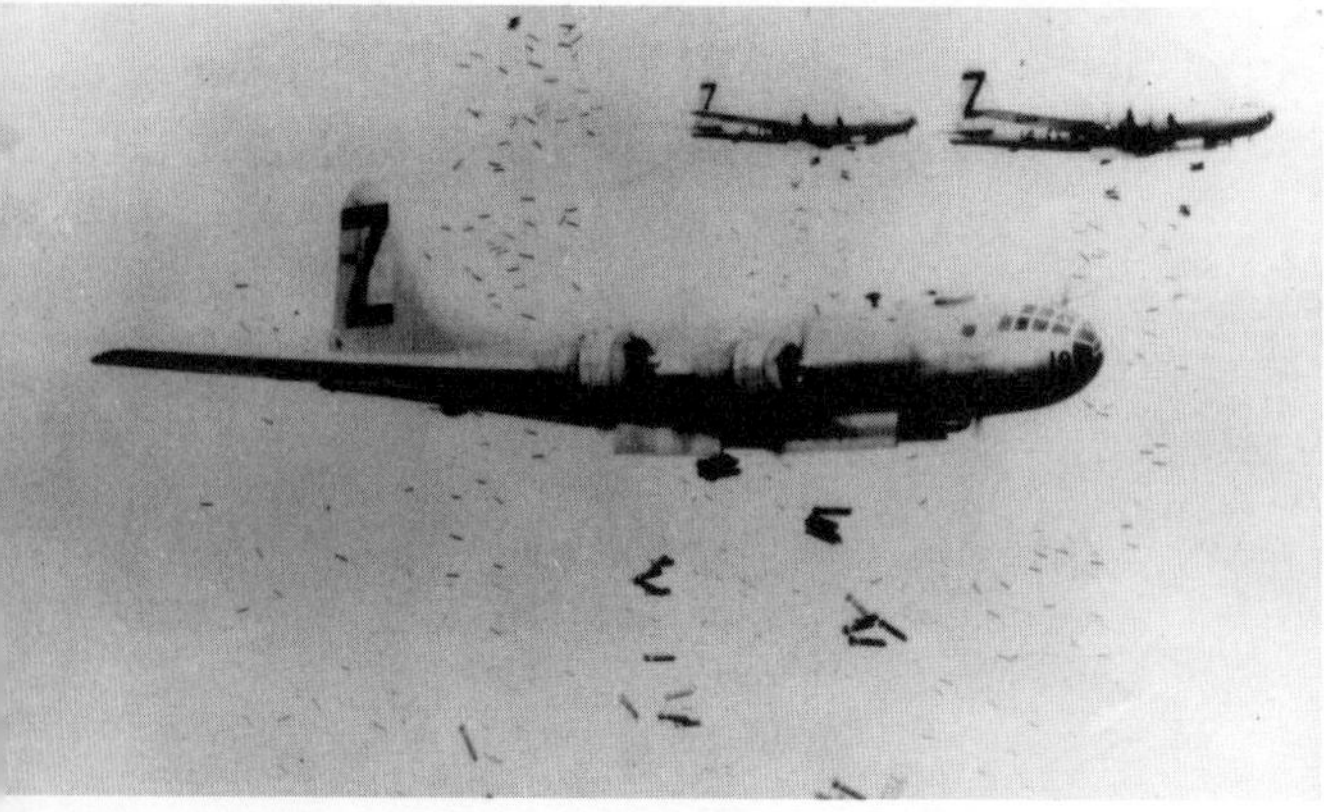
東京《とうきょう》へ焼夷弾《しょういだん》を落《お》とすB《ビー》-29。

した。大《おお》きな門《もん》から石畳《いしだたみ》を歩《ある》いて、玄関《げんかん》のとびらをノックした中田《なかた》さんを出《で》むかえたのは、主《あるじ》の反町茂雄《そりまちしげお》さんです。中田《なかた》さんよりも4つ年下《としした》で、古書鑑定《こしょかんてい》の第一人者《だいいちにんしゃ》とよばれており、貴重《きちょう》な本《ほん》を収集《しゅうしゅう》して屋敷《やしき》におき、それを販売《はんばい》する仕事《しごと》をしていました。

反町《そりまち》さんは、中田《なかた》さんを屋敷《やしき》にまねきいれ、居間《いま》に案内《あんない》しながら、心《こころ》のなかで何度《なんど》も首《くび》をかしげていました。なにしろ、ふたりは会《あ》うのがはじめてでした。中田《なかた》さんから電話《でんわ》があり、会《あ》いたいと言《い》われたものの、用件《ようけん》はなにか、さっぱり見当《けんとう》がつきません。

居間《いま》のソファに向《む》かいあってすわり、あいさつもそこそこに中田《なかた》さんが切《き》りだした話《はなし》は、反町《そりまち》さんがまったく想像《そうぞう》していないことでした。

「反町《そりまち》さん。このまま戦況《せんきょう》が悪化《あっか》していけば、東京《とうきょう》に、いままでよりもっとはげしい空襲《くうしゅう》が行《おこな》われ、町《まち》はやきつくされてしまうでしょう。そうなれば当然《とうぜん》、日比谷図書館《ひびやとしょかん》も無事《ぶじ》ではすみません。だからわたしはいま、本《ほん》を遠《とお》くへうつす、つまり、本《ほん》の疎開作業《そかいさぎょう》を進《すす》めているんです。」

うでを組《く》んで聞《き》いていた反町《そりまち》さんは、しずかに口《くち》を開《ひら》きました。

「それはすばらしい考《かんが》えだと思《おも》います。しかし、そのことと、わたしと、いったいどういう関係《かんけい》が？」

「じつは、うちの図書館《としょかん》の本《ほん》だけではなく、東京中《とうきょうじゅう》の学者《がくしゃ》や研究者《けんきゅうしゃ》個人《こじん》が所有《しょゆう》している貴《き》重《ちょう》な本《ほん》も守《まも》りたいと思《おも》っています。そのために反町《そりまち》さん、あなたに本《ほん》の値段《ねだん》を決《き》めていただきたい。その値段《ねだん》で所有者《しょゆうしゃ》から本《ほん》を買《か》いとり、疎開《そかい》させます。貴重《きちょう》な本《ほん》を守《まも》るためには、本《ほん》の価値《かち》を正確《せいかく》に見《み》きわめられる人《ひと》が必要《ひつよう》なんです。おねがいします。」

中田《なかた》さんはそう言《い》うと、深《ふか》く頭《あたま》を下《さ》げました。

しばらく、沈黙《ちんもく》の時間《じかん》が流《なが》れたあと、反町《そりまち》さんが言《い》いました。

「いくつか、質問《しつもん》させていただけますか？」

「もちろんです。」

「本《ほん》を買《か》いとるには予算《よさん》が必要《ひつよう》ですが、それはどうなっているのですか？」

「すでに東京都《とうきょうと》防衛局《ぼうえいきょく》からの協力《きょうりょく》をえて、十分確保《じゅうぶんかくほ》できています。」

「では、もうひとつ。本《ほん》を買《か》いとったとして、大量《たいりょう》の本《ほん》を運《はこ》びださねばなりませんよね。しかし、燃料《ねんりょう》がなく車《くるま》はあまり使《つか》えない。図書館《としょかん》につとめているわかい人《ひと》たちは、軍隊《ぐんたい》や工場《こうじょう》にかりだされてしまっている。つまり、本《ほん》を運《はこ》ぶ人《ひと》も少《すく》ない。そういった状況《じょうきょう》で、作《さ》業は可能ですか？」

反町さんの問いかけに、中田さんは、説明を始めました。

「本の運搬はたいへんな作業になると思います。しかし、反町《そりまち》さんのおっしゃるように人《ひと》手《で》はない。」

中田《なかた》さんは、そこでひと息《いき》つくと、意《い》を決《けっ》するような口調《くちょう》で言《い》いました。

「だからわたしは、中学生《ちゅうがくせい》たちに学徒動員《がくとどういん》をたのむつもりでいます。」

このころ、多《おお》くの成人男性《せいじんだんせい》は兵士《へいし》として戦地《せんち》に向《む》かっていて、日本国内《にほんこくない》には、はたらける人《ひと》が非常《ひじょう》に少《すく》ない状態《じょうたい》でした。それを解消《かいしょう》するため、国《くに》の命令《めいれい》で授業《じゅぎょう》を停止《ていし》させ、生徒《せいと》たちをはたらかせていました。それが学徒動員《がくとどういん》です。

目《め》をとじて聞《き》いていた反町《そりまち》さんには、中田《なかた》さんの言葉《ことば》から、疎開作業《そかいさぎょう》にかけるかれの決《けっ》意《い》が十分《じゅうぶん》つたわりました。反町《そりまち》さんは、やがて目《め》をゆっくりと開《ひら》き、言《い》いました。

「わかりました。ぜひ、協力《きょうりょく》させてください。」

その言葉《ことば》に中田《なかた》さんは、ほっとしたような笑《え》みをうかべ、頭《あたま》を下《さ》げました。

こうして、40万冊《まんさつ》をこえる本《ほん》を疎開《そかい》させるという、前代未聞《ぜんだいみもん》の計画《けいかく》は実行《じっこう》にうつされることになりました。日比谷図書館《ひびやとしょかん》の本《ほん》は職員《しょくいん》たちが手分《てわ》けしてまとめ、買《か》いとりについては、中田《なかた》さんと反町《そりまち》さんが良書《りょうしょ》の所有者《しょゆうしゃ》をたずねて本《ほん》を売《う》ってくれるように交渉《こうしょう》を行《おこな》いました。そして、了承《りょうしょう》をえられたら、すぐに反町《そりまち》さんが値《ね》段《だん》をつけていき、後日《ごじつ》、会計係《かいけいがかり》が支払《しはら》いを行《おこな》いました。

本《ほん》を所有者《しょゆうしゃ》の家《いえ》から運《はこ》びだす役割《やくわり》をになったのは、のちに疎開作業《そかいさぎょう》も行《おこな》うことになる都立第《とりつだい》一中学校《いちちゅうがっこう》（現《げん》日比谷《ひびや》高校《こうこう》）の生徒《せいと》と日比谷図書館《ひびやとしょかん》の職員《しょくいん》、それと、戦争《せんそう》のために休館《きゅうかん》していたほかの図書館《としょかん》の職員《しょくいん》たちです。

中学生《ちゅうがくせい》たちは勉強《べんきょう》したいという気持《きも》ちをおさえて、将来《しょうらい》、自分《じぶん》が読《よ》むことになるかもしれな

いからと思《おも》いながら、職員《しょくいん》たちは本《ほん》を守《まも》りたいという気持《きも》ちをいだきながら、毎日《まいにち》のように学者《がくしゃ》などの家《いえ》をたずねては、買《か》いとられた本《ほん》を運《はこ》びだしていきました。1軒《けん》の屋敷《やしき》から1万冊《まんさつ》をこえる本《ほん》を運《はこ》びだすこともありました。

「ご苦労《くろう》さん。ここにつんである本《ほん》を持《も》っていってくれ。」

本《ほん》を売《う》った人《ひと》のなかには、そう、てきぱきと指示《しじ》をする人《ひと》もいれば、自分《じぶん》が大事《だいじ》にしていた本《ほん》との別《わか》れがつらくて、運《はこ》ばれるようすをさびしそうに見《み》ているだけの人《ひと》もいました。でも、そういう人《ひと》でも、戦火《せんか》から本《ほん》を守《まも》るためにはこの方法《ほうほう》しかないと納得《なっとく》していました。

こうして集《あつ》めた本《ほん》を、図書館《としょかん》の職員《しょくいん》や中学生《ちゅうがくせい》

たちが木炭《もくたん》を燃料《ねんりょう》にして走《はし》る車《くるま》にのせたり、大八車《だいはちぐるま》（荷車《にぐるま》）につんだり、あるいはリュックサックに入《い》れて自《みずか》らせおったりして、徒歩《とほ》や電車《でんしゃ》で40キロ以上《いじょう》はなれた疎開先《そかいさき》の多西村《たさいむら》（現《げん》あきる野市《のし》）や埼玉県志紀《さいたまけんしき》町《まち》（現志木市《げんしきし》）まで運《はこ》んでいったのです。

１９４５年《ねん》3月10日《がつとおか》から東京《とうきょう》への大規模《だいきぼ》な空襲《くうしゅう》が始《はじ》まり、5月《がつ》には山《やま》の手地区《てちく》も攻撃《こうげき》を受《う》けるようになりました。疎開作業《そかいさぎょう》が始《はじ》まって数《すう》か月経《げつた》った5月《がつ》25日《にち》。中田《なかた》さんが予期《よき》したとおり、日比谷図書館《ひびやとしょかん》は焼夷弾《しょういだん》を受《う》けて全焼《ぜんしょう》し、20万冊《まんさつ》の蔵書《ぞうしょ》が灰《はい》となりました。

５００機《き》ちかいB《ビー》－29によるこの大空襲《だいくうしゅう》で、都心《としん》は完全《かんぜん》に焼《や》け野原《のはら》となりました。このときの空襲《くうしゅう》と合《あ》わせ、１００回以上行《かいいじょうおこな》われた東京《とうきょう》での空襲《くうしゅう》による

空襲《くうしゅう》により焼《や》け野原《のはら》になった東京《とうきょう》。日本橋浜町《にほんばしはまちょう》、日本橋久松町《にほんばしひさまつちょう》のあたり。

死者《ししゃ》の数《かず》は11万人《まんにん》あまり。そして、東京《とうきょう》の都立図書館《とりつとしょかん》全体《ぜんたい》で、40万冊《まんさつ》以上《いじょう》の本《ほん》がうしなわれたのです。

しかし、図書館《としょかん》の職員《しょくいん》や中学生《ちゅうがくせい》たちが運《はこ》んだ本《ほん》も、同《おな》じく40万冊《まんさつ》ありました。本《ほん》をおさめた疎開先《そかいさき》の土蔵《どぞう》は無事《ぶじ》でした。疎開先《そかいさき》の人《ひと》びとの努力《どりょく》で、運《はこ》んだ本《ほん》を守《まも》りぬくことができたのです。

中田《なかた》さんの思《おも》いが多《おお》くの人《ひと》の心《こころ》を動《うご》かし、短期間《たんきかん》でこれだけの本《ほん》を疎開《そかい》させ守《まも》ったことは、戦争中《せんそうちゅう》に起《お》きた奇跡《きせき》のひとつといっても、いいすぎではないでしょう。

戦火《せんか》から守《まも》られた本《ほん》は現在《げんざい》、都内《となり》の図書館《としょかん》で大切《たいせつ》に保管《ほかん》されています。中田《なかた》さんと協力者《きょうりょくしゃ》たちの必死《ひっし》の努力《どりょく》は、貴重《きちょう》な文化財《ぶんかざい》を未来《みらい》へしっかりと引《ひ》きついだのです。

思《おも》い出《で》として持《も》ちかえるために、甲子園球場《こうしえんきゅうじょう》の土《つち》を集《あつ》める首里高校《しゅりこうこう》の選手《せんしゅ》たち。

甲子園《こうしえん》へのパスポート

1958年《ねん》8月《がつ》

沖縄《おきなわ》からの初《はつ》の甲子園出場《こうしえんしゅつじょう》

工藤圭《くどうけい》・文《ぶん》

宮尾和孝《みやおかずたか》・絵《え》

太平洋戦争後《たいへいようせんそうご》、連合軍《れんごうぐん》に占領《せんりょう》されていた日本《にっぽん》は、サンフランシスコ平和条約《へいわじょうやく》に調印《ちょういん》し、1952年《ねん》に主権《しゅけん》を回復《かいふく》します。しかし、沖縄《おきなわ》はアメリカの占領下《せんりょうか》におかれたままでした。そんな時代《じだい》、はじめて沖縄代表《おきなわだいひょう》として甲子園大会《こうしえんたいかい》に出場《しゅつじょう》したのが首里高校《しゅりこうこう》でした。

1957年《ねん》の春《はる》、まだアメリカの占領下《せんりょうか》にあった沖縄《おきなわ》の那覇市《なはし》。首里城《しゅりじょう》の近《ちか》くにある首里高校《しゅりこうこう》のグラウンドでは、いつものように、福原朝悦監督《ふくはらちょうえつかんとく》と野球《やきゅう》部員《ぶいん》による練習《れんしゅう》が行《おこな》われていました。

「ようし、もういっちょういくぞ!」

福原監督《ふくはらかんとく》がライトの選手《せんしゅ》に声《こえ》をかけ、となりにいたキャッチャーに右手《みぎて》をさしだしました。しかし、なぜかボールがわたされないのでキャッチャーに目《め》を向《む》けると、彼《かれ》はこまった顔《かお》で福原監督《ふくはらかんとく》を見《み》ています。

「ボール、もうありません。」

このころの沖縄《おきなわ》は、ものがありませんでした。なぜなら、アメリカ軍《ぐん》の統治《とうち》がつづいていたため、日本《にっぽん》からなかなか物資《ぶっし》が入《はい》らず、アメリカからの物資《ぶっし》は軍《ぐん》が最優先《さいゆうせん》で使《つか》っていたからです。野球部《やきゅうぶ》の道具《どうぐ》も、使《つか》えるボールは10個程度《こていど》しかありません。エラーがつづくと、すぐなくなってしまいます。

「おーい、みんな、ボールバック。」

外野《がいや》に転《ころ》がっているボールを返球《へんきゅう》させ、すぐにノックを再開《さいかい》すると、今度《こんど》は別《べつ》のアクシデントが発生《はっせい》しました。福原監督《ふくはらかんとく》の打《う》ったゴロが、とろうとしたセカンドの選手《せんしゅ》の目《め》の前《まえ》で急《きゅう》に大《おお》きくはねて、顔面《がんめん》に直撃《ちょくげき》してしまったのです。

ボールがはねたのは、グラウンドにある石《いし》が原因《げんいん》でした。

戦争《せんそう》のとき、首里高校《しゅりこうこう》のグラウンドは大量《たいりょう》の爆弾《ばくだん》で破壊《はかい》されたため、そこらじゅうに穴《あな》があきました。戦後《せんご》、その部分《ぶぶん》を土砂《どしゃ》でうめたのですが、石《いし》がたくさんまじっていたので、石《いし》だらけになってしまったのです。

いくら毎日練習《まいにちれんしゅう》してもグラウンドがこうなので、首里高校《しゅりこうこう》は弱《よわ》いチームでした。

しかし、選手《せんしゅ》たちは、そんな環境《かんきょう》にめげません。

たおれた選手《せんしゅ》は赤《あか》くなっている鼻《はな》をグローブでかくしながら起《お》きあがり、「だいじょうぶ。」と笑顔《えがお》で言《い》いました。心配《しんぱい》して集《あつ》まっていたほかの選手《せんしゅ》たちは、グローブでかれのおしりをポンとたたき、元気《げんき》よく声《こえ》を出《だ》して、それぞれの守備位置《しゅびいち》へもどっていきました。

彼《かれ》らはみんな、野球《やきゅう》をするのが大《だい》すきでした。

そんな部員《ぶいん》たちに、自分《じぶん》たちの野球人生《やきゅうじんせい》がかわるような、大《おお》きなニュースがもたらされたのは、翌《よく》1958年《ねん》のことです。

「おい、おれたち、甲子園《こうしえん》に行《い》けるかもしれないぞ！」

福原監督《ふくはらかんとく》から話《はなし》を聞《き》いてグラウンドまで走《はし》ってきたキャプテンの仲宗根弘《なかそねひろし》が、部員《ぶいん》たちの肩《かた》を両手《りょうて》でつかんで言《い》いました。夏《なつ》に行《おこな》われる全国高等学校野球選手権大会《ぜんこくこうとうがっこうやきゅうせんしゅけんたいかい》が40回《かい》で記念大会《きねんたいかい》となり、各都道府県《かくとどうふけん》ごとに1校《こう》ずつ出場《しゅつじょう》できることに決《き》まったのです。

当時《とうじ》、沖縄代表《おきなわだいひょう》が甲子園《こうしえん》に行《い》くためには、大分《おおいた》、宮崎《みやざき》、鹿児島各県代表《かごしまかくけんだいひょう》と戦《たたか》うトーナメント大会《たいかい》で優勝《ゆうしょう》しなくてはなりませんでした。ところが、ただでさえ実力《じつりょく》がおとるのに、大会出場《たいかいしゅつじょう》のため丸《まる》1日《にち》かけて船《ふね》で九州《きゅうしゅう》まで行《い》くというハンデもくわわり、沖縄代表《おきなわだいひょう》は一回《いっかい》も優勝《ゆうしょう》したことがありません。

「甲子園《こうしえん》……って、どこにあるんだっけ？」

ピッチャーの高嶺朝健《たかみねちょうけん》が、わらいながら言《い》いました。じつはほかの部員《ぶいん》たちも同《おな》じ思《おも》いです。沖縄《おきなわ》の高校野球部員《こうこうやきゅうぶいん》にとって、甲子園《こうしえん》はあまりにも遠《とお》い存在《そんざい》で、春《はる》に甲子園《こうしえん》で全国《ぜんこく》大会《たいかい》を見《み》たことのある仲宗根《なかそね》以外《いがい》、ピンときている部員《ぶいん》はいませんでした。

「おい、みんな、聞《き》いてくれ！」

温厚《おんこう》な性格《せいかく》の仲宗根《なかそね》が、はじめて見《み》せるようなきびしい表情《ひょうじょう》で口《くち》を開《ひら》きます。

「甲子園《こうしえん》は、ことはくらべものにならないほど大《おお》きくて、すばらしいところなんだ。おれはみんなと、あそこで思《おも》いっきり野球《やきゅう》をしたい。いまよりもっと練習《れんしゅう》して、沖縄《おきなわ》でいちばんになろう。そして、みんなで甲子園《こうしえん》に行《い》こう！」

ぽかんとした表情《ひょうじょう》で聞《き》いていた部員《ぶいん》たちでしたが、人《ひと》がかわったように熱《あつ》い気迫《きはく》を見《み》せて練習《れんしゅう》にとりくむ仲宗根《なかそね》に、少《すこ》しずつ引《ひ》っぱられていきました。

やがて、部員《ぶいん》たちはひとつにまとまり、6月《がつ》28日《にち》、沖縄予選《おきなわよせん》をむかえます。出場校《しゅつじょうこう》は17校《こう》。新聞《しんぶん》の予想《よそう》では、首里高校《しゅりこうこう》は4、5番手《ばんて》という評価《ひょうか》でした。優勝《ゆうしょう》したチームが甲子園《こうしえん》出場《しゅつじょう》ということで大会《たいかい》は大《おお》いにもりあがり、首里高校《しゅりこうこう》は、福原監督《ふくはらかんとく》のノックできたえられた守備力《しゅびりょく》を発揮《はっき》して順調《じゅんちょう》に勝《か》ちすすみます。そして、優勝候補《ゆうしょうこうほ》の大本命《だいほんめい》とされていた石川《いしかわ》高校《こうこう》と、決勝《けっしょう》で対戦《たいせん》することになりました。

練習試合《れんしゅうじあい》では、かならず石川高校《いしかわこうこう》が勝《か》っていたほど力《ちから》の差《さ》のあった両校《りょうこう》でしたが、猛練習《もうれんしゅう》によってその力《ちから》は逆転《ぎゃくてん》していました。初回《しょかい》、仲宗根《なかそね》が放《はな》った先制打《せんせいだ》で勢《いきお》いがついた首里《しゅり》高校《こうこう》がリードをたもったまま、最終回《さいしゅうかい》、ツーアウト。

ピッチャーの高嶺《たかみね》が最後《さいご》のバッターから得意《とくい》のカーブで三振《さんしん》をとると、歓声《かんせい》があがりました。空《そら》に向《む》かって両《りょう》うでをつきあげた高嶺《たかみね》に、顔《かお》をくしゃくしゃにした首里高校《しゅりこうこう》の選手《せんしゅ》たちがとびつきます。

こうして、初《はつ》の沖縄代表《おきなわだいひょう》として首里高校《しゅりこうこう》が名乗《なの》りをあげたのです。

7月末《がつすえ》、沖縄《おきなわ》の期待《きたい》をせおい、首里高校野球部《しゅりこうこうやきゅうぶ》は船《ふね》で旅《たび》だちました。そして、福原監督《ふくはらかんとく》と選手《せんしゅ》14人《にん》はパスポート（日本渡航証明書《にっぽんとこうしょうめいしょ》）を手《て》に、鹿児島《かごしま》におりたちました。アメリカ軍《ぐん》に占領《せんりょう》されていた沖縄《おきなわ》から「日本《にっぽん》」に上陸《じょうりく》するためには、パスポートが必要《ひつよう》だったのです。そこからは汽車《きしゃ》に乗《の》りかえ、宿泊先《しゅくはくさき》の大阪《おおさか》へ向《む》かいます。

「おい、あれ見《み》ろよ。」

汽車《きしゃ》が熊本駅《くまもとえき》に停車《ていしゃ》したとき、何人《なんにん》かの部員《ぶいん》がホームを指《ゆび》さしました。仲宗根《なかそね》の耳《みみ》に聞《き》こえてきたのは、首里高校《しゅりこうこう》の校歌《こうか》でした。多《おお》くの人《ひと》たちが右《みぎ》うでをふって大《おお》きな声《こえ》で歌《うた》っています。停車時間《ていしゃじかん》を利用《りよう》して、みんながホームにおりると、いっせいに歓声《かんせい》と拍手《はくしゅ》につつまれました。九州各地《きゅうしゅうかくち》にいる首里高校《しゅりこうこう》の卒業生《そつぎょうせい》たちが、見送《みおく》りのために熊本駅《くまもとえき》のホームに集《あつ》まっていたのです。

「チバリヨ、応援《おうえん》してるから！」

故郷《こきょう》からはなれた土地《とち》で、「がんばれ」を意味《いみ》する沖縄《おきなわ》の方言《ほうげん》を聞《き》き、内心《ないしん》では不安《ふあん》と心細《こころぼそ》さをかかえていた部員《ぶいん》たちは、勇気《ゆうき》づけられました。沖縄《おきなわ》だけではなく、きっと日本《にほん》中《じゅう》に応援《おうえん》してくれる人《ひと》がいるとふるいたち、大阪《おうさか》に到着《とうちゃく》するとすぐに練習《れんしゅう》を始《はじ》めます。

8月8日《がつようか》の開会式《かいかいしき》では仲宗根《なかそね》が選手宣誓《せんしゅせんせい》を行《おこな》い、翌《よく》8月9日《がつここのか》、大会《たいかい》2日目《ふつかめ》。ついに甲子《こうし》園初戦《えんしょせん》をむかえることになりました。

試合前《しあいまえ》、声《こえ》をかけようと、ベンチの前《まえ》に選手《せんしゅ》を集《あつ》めた福原監督《ふくはらかんとく》でしたが、自分《じぶん》が緊張《きんちょう》し、なにも言《い》えなくなってしまいます。

そのとき、先発《せんぱつ》ピッチャーの高嶺《たかみね》が福原監督《ふくはらかんとく》の前《まえ》に立《た》ち、立場《たちば》を逆転《ぎゃくてん》させて「だいじょうぶか？」と監督《かんとく》の肩《かた》をポンとたたいたので、みんながいっせいにわらって緊張《きんちょう》がとけました。そして、両《りょう》チームの選手《せんしゅ》が整列《せいれつ》して礼《れい》をすると、首里高校《しゅりこうこう》の選手《せんしゅ》たちは元気《げんき》よく守《しゅ》備位置《びいち》に走《はし》りだします。

「チバリヨォー！」

すぐに、満員《まんいん》のスタンドにいた沖縄出身者《おきなわしゅっしんしゃ》から声援《せいえん》がとびます。彼《かれ》らの、首里高校《しゅりこうこう》に対《たい》しての思《おも》い入《い》れには、とても強《つよ》いものがありました。なぜなら、みんな沖縄《おきなわ》から遠《とお》くはなれたこの「本土《ほんど》」で、言葉《ことば》も文化《ぶんか》も国《くに》もちがう人《ひと》と言《い》われ、肩身《かたみ》のせまい思《おも》いをしていたからです。いっぽうで彼《かれ》らは、ほかの観客《かんきゃく》たちも首里高校《しゅりこうこう》に拍手《はくしゅ》をしているようすを見《み》て、ほこらしい気持《きも》ちにもなりました。

試合開始《しあいかいし》をつげるサイレンのあと、福井県代表《ふくいけんだいひょう》、敦賀高校《つるがこうこう》の先頭《せんとう》バッターが、いきなりレフト前《まえ》ヒットで塁《るい》に出《で》ます。でも首里高校《しゅりこうこう》の守備《しゅび》は、福原監督《ふくはらかんとく》によってよくきたえられています。その後《ご》、ランナー一、二塁《るい》になりますが、このピンチを1点《てん》におさえました。

1回裏《かいうら》、首里高校《しゅりこうこう》の先頭《せんとう》バッターは仲宗根《なかそね》です。球場《きゅうじょう》に名前《なまえ》がひびきわたると、前日《ぜんじつ》にみごとな選手宣誓《せんしゅせんせい》を行《おこな》ったこともあり、大《おお》きな拍手《はくしゅ》が起《お》きました。

「よしっ！」と気合《きあい》を入《い》れ、バットを高々《たかだか》と頭上《ずじょう》にかかげたあと、仲宗根《なかそね》はバッターボックスに入《はい》ります。ピッチャーが速球《そっきゅう》をベースのまんなか付近《ふきん》に投《な》げこみます。仲宗根《なかそね》はすかさず反応《はんのう》、するどくふりぬくと、打球《だきゅう》はセンター前《まえ》にぬけていきました。仲宗根《なかそね》がベンチに向《む》かっておたけびをあげ、ベンチの選手《せんしゅ》たちも立《た》ちあがってこたえます。

一般《いっぱん》の高校野球《こうこうやきゅう》ファンたちは、やるじゃないかと興奮《こうふん》し、首里高校《しゅりこうこう》を応援《おうえん》しようと、兵庫県内《ひょうごけんない》の高校《こうこう》から自主的《じしゅてき》に集《あつ》まったブラスバンド部員《ぶいん》たちは、すぐに勢《いきお》いをつけるような曲《きょく》の演奏《えんそう》を始《はじ》めます。

「よう打《う》ったあ。」

声援《せいえん》を送《おく》っていたのは甲子園《こうしえん》の観客《かんきゃく》だけではありません。この日《ひ》の試合《しあい》は、沖縄《おきなわ》のラジオ局《きょく》で実況中継《じっきょうちゅうけい》されていて、沖縄全土《おきなわぜんど》で、多《おお》くの人《ひと》がラジオの前《まえ》に陣《じん》どり、首里高校《しゅりこうこう》を応《おう》援《えん》していたのです。

けれど、仲宗根《なかそね》は結局《けっきょく》、ホームに帰《かえ》ることはできませんでした。この回《かい》は0点《てん》です。その後《ご》も首里高校《しゅりこうこう》は、ランナーを出《だ》すことがほとんどできません。対《たい》する敦賀《つるが》は5回《かい》と6回《かい》にも追加点《ついかてん》をとって、結局《けっきょく》、首里高校《しゅりこうこう》は0対《たい》3でやぶれました。これは、大善戦《だいぜんせん》でした。

試合終了後《しあいしゅうりょうご》、首里高校《しゅりこうこう》の選手《せんしゅ》たちは、持《も》ってきたそれぞれのふくろに、グラウンドの土《つち》をつめました。努力《どりょく》のあかしとして、家族《かぞく》へのおみやげとして。彼《かれ》らにとっては、甲子園《こうしえん》の土《つち》というだけではありません。もう二度《にど》とふめないかもしれない「本土《ほんど》」の土《つち》でもありました。

顔《かお》を上《あ》げた仲宗根《なかそね》の耳《みみ》に、「また来《こ》いよ！」という声《こえ》が聞《き》こえます。彼《かれ》にとっての甲子《こうし》園《えん》は、とてもやさしい場所《ばしょ》でした。

それから50年《ねん》――。２００８年《ねん》8月2日《がつふつか》。

第《だい》90回全国高等学校野球選手権大会《かいぜんこくこうとうがっこうやきゅうせんしゅけんたいかい》の開会式《かいかいしき》が行《おこな》われるこの日《ひ》、甲子園《こうしえん》のグラウンドにはキャッチボールをする68才《さい》の仲宗根《なかそね》の姿《すがた》がありました。甲子園《こうしえん》の名選手《めいせんしゅ》をまねくイベントによばれ、沖縄《おきなわ》から参加《さんか》したのです。

50年前《ねんまえ》の夏《なつ》、甲子園《こうしえん》での思《おも》い出《で》と土《つち》をおみやげに、船《ふね》で沖縄《おきなわ》に帰《かえ》った仲宗根《なかそね》たちを港《みなと》で最初《さいしょ》に待《ま》ちうけていたのは、複雑《ふくざつ》な表情《ひょうじょう》の検疫官《けんえきかん》でした。

検疫官《けんえきかん》は土《つち》を提出《ていしゅつ》するように言《い》い、集《あつ》めたものを、選《せん》手《しゅ》たちが見《み》ている前《まえ》で船《ふね》から海《うみ》にすててしまったのです。

理由《りゆう》は、アメリカの植物防疫法《しょくぶつけんえきほう》という法律《ほうりつ》にありました。外国《がいこく》の土《つち》には、動植物《どうしょくぶつ》にとって有害《ゆうがい》な虫《むし》や菌《きん》がふくまれている可能性《かのうせい》があります。そのため、アメリカに占《せん》領《りょう》されている沖縄《おきなわ》には持《も》ちこむことはできません。

そしてその外国《がいこく》には、日本《にっぽん》もふくまれていたのです。

このできごとは悲劇《ひげき》として語《かた》られました。でも、仲宗《なかそ》根《ね》がいまでも深《ふか》く感謝《かんしゃ》していることが、そのあとに起《お》き

ました。

沖縄《おきなわ》に帰《かえ》って10日《とおか》ほど経《た》ったある日《ひ》、本土《ほんど》からふたりの女性《じょせい》がたずねてきて、仲宗根《なかそね》たちに箱《はこ》を手《て》わたしました。入《はい》っていたのは、いくつかの甲子園《こうしえん》の石《いし》でした。

首里高校《しゅりこうこう》の悲劇《ひげき》を知《し》ったある客室乗務員《きゃくしつじょうむいん》の女性《じょせい》が、石《いし》であれば沖縄《おきなわ》に持《も》ちこめることを関係者《かんけいしゃ》に確認《かくにん》し、綿《わた》をしいたガラス張《ば》りの箱《はこ》に、甲子園《こうしえん》のグラウンドに落《お》ちていた小石《こいし》を入《い》れてくれました。そしてその箱《はこ》を、同僚《どうりょう》であるふたりにたくしたのです。この石《いし》は、現《げん》在《ざい》も、首里高校《しゅりこうこう》の敷地《しきち》にたてられた「友愛《ゆうあい》の石碑《せきひ》」にかざられています。

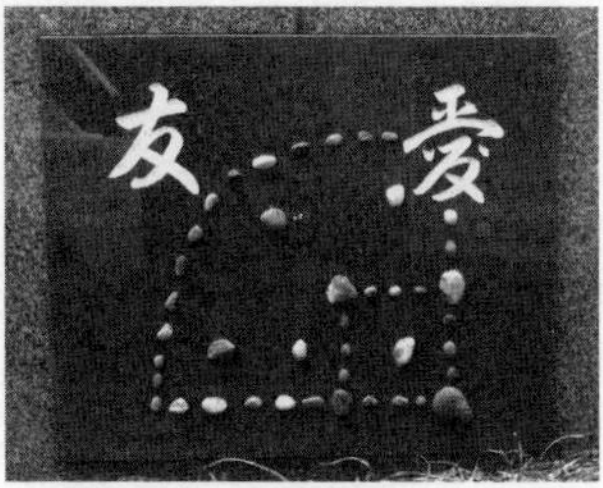

甲子園《こうしえん》の小石《こいし》で野球場《やきゅうじょう》をかたどった「友愛《ゆうあい》の石碑《せきひ》」。

キャッチボールを終《お》えると、仲宗根《なかそね》はユニフォームの後《うし》ろポケットから小《ちい》さなふくろをとりだし、あのとき、沖縄《おきなわ》に持《も》ちかえることができなかった甲子園《こうしえん》の土《つち》を入《い》れました。

そして、その場《ば》で、ぼうしをぬいで一礼《いちれい》。

あの夏《なつ》、自分《じぶん》たちをささえ、応援《おうえん》してくれたすべての人《ひと》びとへのお礼《れい》でした。

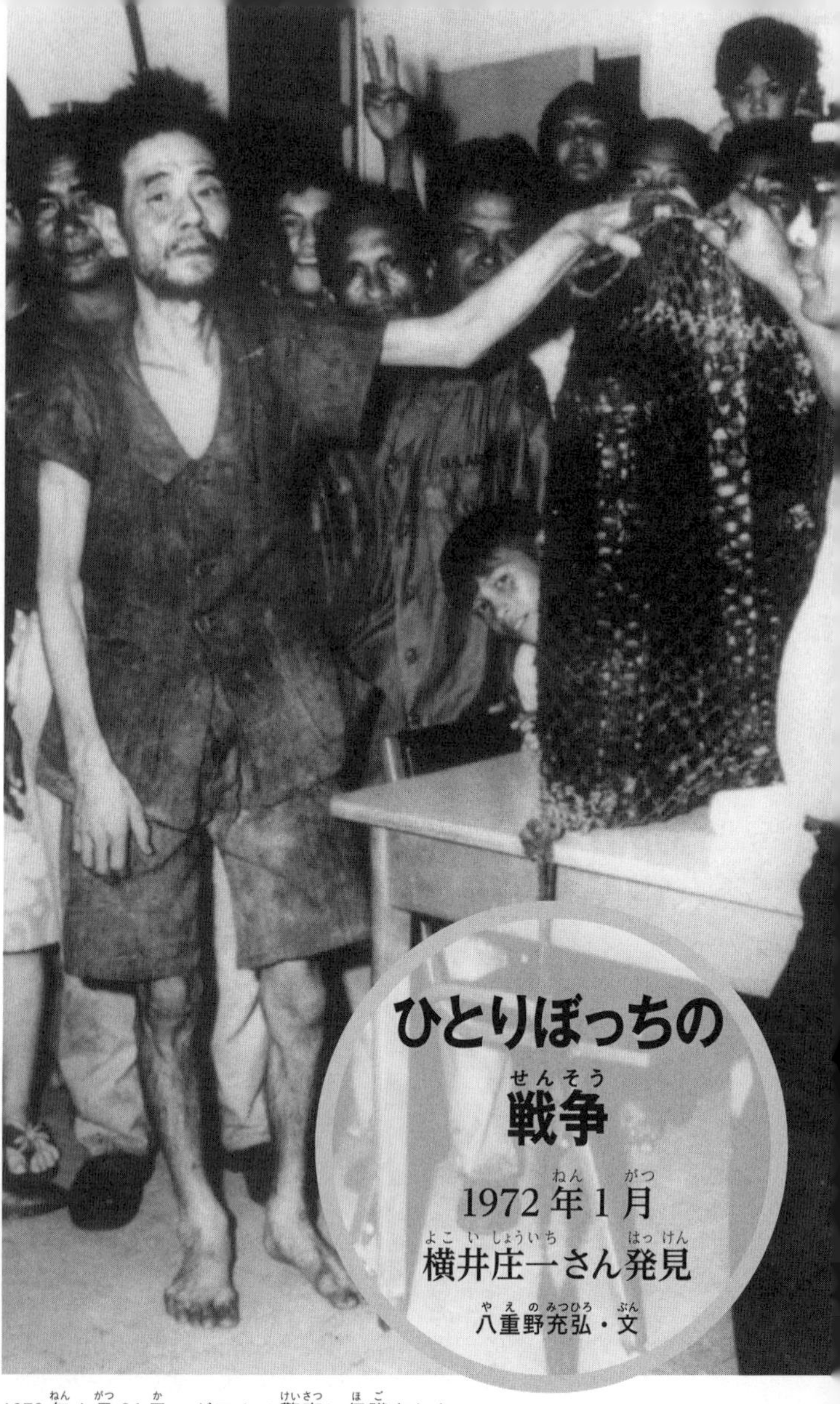

ひとりぼっちの戦争《せんそう》

1972年《ねん》1月《がつ》

横井庄一《よこいしょういち》さん発見《はっけん》

八重野充弘《やえのみつひろ》・文《ぶん》

1972年《ねん》1月《がつ》24日《か》、グアムの警察《けいさつ》に保護《ほご》された横井庄一《よこいしょういち》さん。魚《さかな》をとるワナを持《も》っている。

1972年《ねん》、衝撃《しょうげき》のニュースがとびこんできました。太平洋《たいへいよう》にうかぶグアム島《とう》のジャングルに、ひとりでひそんでいた旧日本軍《きゅうにほんぐん》の兵士《へいし》が発見《はっけん》されたのです。平和《へいわ》になったあとも27年間《ねんかん》、戦争《せんそう》のまぼろしと戦《たたか》いつづけた兵士《へいし》。まさに2度《ど》のサバイバルとは——。

1972年《ねん》といえば、太平洋戦争《たいへいようせんそう》が終《お》わってから27年《ねん》が経《た》っています。日本《にっぽん》は世界第《せかいだい》2位《い》の経済大国《けいざいたいこく》となり、人口《じんこう》は1億人《おくにん》をこえました。

この年《とし》の2月《がつ》、札幌《さっぽろ》で、アジアはじめての冬季《とうき》オリンピックが開《ひら》かれます。同《おな》じときに、もうひとつ、日本人《にほんじん》をおおいにおどろかせるできごとがありました。太平洋戦争《たいへいようせんそう》の戦《せん》場《じょう》となった南《みなみ》の島《しま》のジャングルの中《なか》で、戦争《せんそう》が終《お》わったあとも、ずっとかくれてくらしつづけていた元日本兵《もとにほんへい》が発見《はっけん》され、1972年《ねん》2月2日《がつふつか》、31年《ねん》ぶりに帰国《きこく》したのです。

場所《ばしょ》は、日本《にっぽん》の本土《ほんど》から南《みなみ》へおよそ2500キロはなれたマリアナ諸島《しょとう》の中《なか》のグアム島《とう》。1月《がつ》24日《か》の夕暮《ゆうぐ》れどき、ジャングルで川《かわ》にしかけたエビとりの網《あみ》を見《み》に行《い》ったふたりの島民《とうみん》の前《まえ》に、とつぜん、両手《りょうて》に魚《さかな》をとるワナを持《も》ち、うすよごれた衣服《いふく》を着《き》て、ひげがのびた男《おとこ》があらわれました。島民《とうみん》のひとりが「日本兵《にほんへい》だ！」とさけびました。この地域《ちいき》では、戦争《せんそう》が終《お》わってからも、元日本兵《もとにほんへい》が何人《なんにん》も見《み》つかっていたのです。

ふたりは、日本兵《にほんへい》が抵抗《ていこう》しないように両手《りょうて》をなわでしばって、村《むら》につれかえりました。色《いろ》は青白《あおじろ》く、かなりおなかをすかせていたものの、男《おとこ》はそれほど衰弱《すいじゃく》したようすはなく、警察署《けいさつしょ》で日本《にっぽん》の役人《やくにん》に、自分《じぶん》の身《み》の上《うえ》について、話《はな》しはじめました。

名前《なまえ》は横井庄一《よこいしょういち》。愛知県《あいちけん》の出身《しゅっしん》で、1915年《ねん》生《う》まれの56歳《さい》。仕事《しごと》は洋服《ようふく》の仕立屋《したてや》で、1941年《ねん》から2度目《どめ》の兵役《へいえき》（兵士《へいし》として軍隊《ぐんたい》に入《はい》ること）につき、1944年《ねん》に旧満州《きゅうまんしゅう》（中《ちゅう》国東北部《ごくとうほくぶ》）からグアム島《とう》にうつってきたこと、アメリカ軍《ぐん》が上陸《じょうりく》して攻撃《こうげき》を始《はじ》めたときに、ジャングルへにげこんだことなどが明《あき》らかになりました。

太平洋戦争当時《たいへいようせんそうとうじ》、グアム島《とう》は日本《にっぽん》にとってもアメリカにとっても、重要《じゅうよう》な場所《ばしょ》でした。広《ひろ》い西太平洋《にしたいへいよう》にぽつんぽつんとうかぶ島々《しまじま》のなかでもっとも大《おお》きく、ここを支配《しはい》できれば、航海中《こうかいちゅう》の軍艦《ぐんかん》も、安全《あんぜん》に食糧《しょくりょう》や水《みず》の補給《ほきゅう》ができます。敵《てき》をむかえうつにも、攻撃《こうげき》のための基地《きち》とするにも、かっこうの場所《ばしょ》、大《おお》きさの島《しま》なのです。

そこで1941年《ねん》、太平洋戦争《たいへいようせんそう》の開戦《かいせん》と同時《どうじ》に、日本《にっぽん》はアメリカが統治《とうち》していたグアム島《とう》に、8000人《にん》の兵《へい》を送《おく》って一気《いっき》に占領《せんりょう》し、名前《なまえ》も大宮島《おおみやじま》とかえました。

それから3年後《ねんご》の1944年《ねん》7月《がつ》、今度《こんど》はアメリカ軍《ぐん》が島《しま》をとりかえそうと、全力《ぜんりょく》でせめてきます。6月《がつ》から7月《がつ》にかけて、グアム島《とう》の北《きた》200キロほどのところにあるサイパン島《とう》の日本軍《にほんぐん》を全滅《ぜんめつ》させ、その勢《いきお》いで、5万《まん》5000人《にん》の大軍《たいぐん》をグアム島《とう》に送《おく》りこんできました。このふたつの島《しま》をおさえ、自軍《じぐん》のために使《つか》えれば、この戦争《せんそう》を圧倒的《あっとうてき》に有利《ゆうり》に戦《たたか》うことができます。日本《にっぽん》もそのことはわかっているので、必死《ひっし》に守《まも》ろうとしました。

およそ2万人《まんにん》の日本軍《にほんぐん》は、島《しま》に近《ちか》づく敵《てき》の軍艦《ぐんかん》を陸上《りくじょう》から大砲《たいほう》で攻撃《こうげき》し、上陸《じょうりく》をはばむ作戦《さくせん》です。しかし、兵力《へいりょく》はアメリカの半分以下《はんぶんいか》。武器《ぶき》の質《しつ》も量《りょう》も、はるかにおとっていました。7月8日《がつようか》に始《はじ》まったアメリカ軍《ぐん》の攻撃《こうげき》はすさまじく、2週間《しゅうかん》たらずの間《あいだ》に、300隻近《せきちか》い軍艦《ぐんかん》からうちこまれた砲弾《ほうだん》は2万《まん》8000発《ぱつ》をこえ、18日《にち》からの3日間《みっかかん》で、13隻《せき》の航空母艦《こうくうぼかん》からとびたった4200機《き》をこえる飛行機《ひこうき》が、爆弾《ばくだん》を落《お》としつづけました。上陸《じょうりく》前《まえ》に、日本軍《にほんぐん》の施設《しせつ》や武器《ぶき》を、徹底的《てっていてき》にこわしておこうという作戦《さくせん》でした。

海岸近《かいがんちか》くのヤシの木《き》のほとんどがやけ、がんじょうにつくったはずの要塞《ようさい》は破壊《はかい》され、むかえうつための大砲《たいほう》のほとんどが使《つか》えなくなりました。そして21日《にち》、島《しま》の西海岸《にしかいがん》からアメリカ軍《ぐん》の上陸《じょうりく》がいっせいに開始《かいし》されます。鋼鉄《こうてつ》の水陸両用戦車《すいりくりょうようせんしゃ》がジャングルの中《なか》をつきすすみ、日本《にっぽん》の兵士《へいし》がわずかにのこった機関銃《きかんじゅう》などで抵抗《ていこう》しますが、まったく歯《は》が立《た》ちません。たった2日間《ふつかかん》で海岸《かいがん》の防衛《ぼうえい》ラインを突破《とっぱ》され、内陸部《ないりくぶ》へせめこまれました。

このとき、横井《よこい》さんが所属《しょぞく》する部隊《ぶたい》は、海岸《かいがん》を守《まも》る任務《にんむ》についていましたが、ほかの部《ぶ》隊《たい》と同《おな》じように撃破《げきは》され、内陸《ないりく》のジャングルへと後退《こうたい》していきました。そして、少《すこ》しでも敵《てき》に損害《そんがい》をあたえようと、夜襲《やしゅう》をかける作戦《さくせん》に出《で》ます。しかし、アメリカが打《う》ちあげた照《しょう》明弾《めいだん》で、まわりは昼間《ひるま》のように明《あか》るくなり、逃《に》げ場《ば》をうしなった日本兵《にほんへい》が、乱射《らんしゃ》される銃《じゅう》弾《だん》にばたばたとたおれていきました。捨《す》て身《み》の攻撃《こうげき》は実《みの》らず、隊長《たいちょう》をはじめほとんどが戦《せん》死《し》、捕虜《ほりょ》となったのが1250人《にん》、生《い》きのこったのは横井《よこい》さんはじめ、わずかに100人《にん》ほどでした。

グアム島《とう》の戦《たたか》いが終《お》わったのは8月11日《にち》。日本軍《にほんぐん》は全体《ぜんたい》の8割《わり》をこえる1万《まん》8000人《にん》以上《いじょう》の戦死者《せんししゃ》を出《だ》して大敗《たいはい》したのです。生《い》きのこった日本兵《にほんへい》の多《おお》くは、本隊《ほんたい》のいる町《まち》のほうへ向《む》かいましたが、横井《よこい》さんら30人《にん》ほどは、南部《なんぶ》のジャングルにのこりました。ジャングルは北部《ほくぶ》にもあり、そこへにげこんだ兵《へい》のなかには、敵《てき》に立《た》ちむかう者《もの》もいましたが、それはそのまま死《し》を意味《いみ》しました。

日本軍《にほんぐん》の兵士《へいし》は、「捕虜《ほりょ》になるのははずかしいこと。それなら死《し》ぬべき」と、教《おし》えこまれていました。そのため、生《い》きのこっても、自分《じぶん》から命《いのち》を絶《た》った日本兵《にほんへい》も大勢《おおぜい》いました。ジャングルにのこった横井《よこい》さんたちも、捕虜《ほりょ》になっていれば、戦争《せんそう》が終《お》わったあと、すぐに日本《にっぽん》に帰《かえ》ることができたかもしれません。

横井《よこい》さんたちは、かたまっていては目立《めだ》つからと、数人《すうにん》ずつばらばらに分《わ》かれることにしましたが、まもなく、ジャングルからほとんどの人《ひと》の姿《すがた》が見《み》えなくなりました。横井《よこい》さんは自分《じぶん》より年下《としした》のふたりと、しばらくいっしょにすごしたあと、ふたりのもとを去《さ》り、歩《ある》いて15分《ふん》ほどはなれたところに、ひとりでくらすためのかくれ場所《ばしょ》を決《き》めました。

それから何年《なんねん》かは、おたがいに行《い》ったり来《き》たりしていましたが、あるとき、横井《よこい》さんがたずねていくと、ふたりとも亡《な》くなっていました。病気《びょうき》だったのか、飢《う》え死《じ》にしたのか。なにかの毒《どく》に当《あ》たったのかもしれません。以後《いご》、横井《よこい》さんはまったくひとりで、くらしつづけてきたのです。

戦争《せんそう》が終《お》わったこと、日本《にっぽん》が負《ま》けたことは、うすうす知《し》っていました。日本語《にほんご》で印刷《いんさつ》された新聞《しんぶん》をひろったからです。

「戦争《せんそう》は終《お》わりましたよ。かくれている人《ひと》は出《で》てきなさい。」

という、スピーカーでのよびかけを聞《き》いたこともあります。でも横井《よこい》さんは、

(うそかもしれない、出《で》ていったら殺《ころ》される。)

そう信《しん》じこんで、警戒心《けいかいしん》をとくことはありませんでした。

話《はなし》は少《すこ》しさかのぼります。名古屋市《なごやし》に住《す》んでいた横井《よこい》さんの母親《ははおや》、つるさんのもとに、「横井庄一戦死《よこいしょういちせんし》」の知《し》らせがとどいたのは、1945年《ねん》7月《がつ》30日《にち》のことでした。グアム島《とう》で日本軍《にほんぐん》が大敗《たいはい》した約《やく》1年後《ねんご》です。捕虜《ほりょ》となった生存者《せいぞんしゃ》のなかに横井《よこい》さんがいなかったので、当然《とうぜん》といえば当然《とうぜん》です。

でも、つるさんは、親《した》しくしていた寺《てら》の住職《じゅうしょく》に、

「あの子《こ》はきっと生《い》きている。いつかかならず元気《げんき》で帰《かえ》ってくる。」

と、いつも言《い》っていたそうです。気持《きも》ちの整理《せいり》をつけるため、りっぱなお墓《はか》をたてたのは、ずっとあとの1955年《ねん》のことでした。

横井《よこい》さんも、つるさんのことをひとときもわすれたことはありません。兵役《へいえき》につくま

で、つるさんとふたり、苦労《くろう》の多《おお》い人生《じんせい》を歩《あゆ》んできただけに、つるさんを思《おも》う気持《きも》ちには、ことさら強《つよ》いものがありました。

横井《よこい》さんが生《う》まれたときの姓《せい》は山田《やまだ》でしたが、3才《さい》のときに両親《りょうしん》が離婚《りこん》し、つるさんの旧姓《きゅうせい》の大鹿《おおが》にかわります。暮《く》らしはまずしく、つるさんは子《こ》どもを育《そだ》てるために、農作業《のうさぎょう》と機織《はたお》りをして必死《ひっし》にはたらき、横井《よこい》さんもそれを手《て》つだいました。友《とも》だちと遊《あそ》ぶことはあまりなかったようです。

横井《よこい》さんが小学《しょうがく》5年生《ねんせい》のときに、つるさんは再婚《さいこん》します。その相手《あいて》の姓《せい》が横井《よこい》でしたが、正式《せいしき》に横井家《よこいけ》の籍《せき》に入《はい》るのは、もう少《すこ》しあとのことです。ただ、新《あたら》しい家《いえ》にいづらかったこともあるのでしょう、小学校《しょうがっこう》を卒業《そつぎょう》して1年《ねん》ほど経《た》つと、同《おな》じ県内《けんない》にある豊橋市《とよはしし》の洋服屋《ようふくや》さんで

母親《ははおや》つるさん(右《みぎ》)。軍服姿《ぐんぷくすがた》の横井《よこい》さん(左《ひだり》)。

住《す》みこみではたらくようになります。軍服専門《ぐんぷくせんもん》の店《みせ》で、ここでけんめいに洋服《ようふく》づくりのうでをみがいたことが、あとで役《やく》に立《た》ちました。

1936年《ねん》、21才《さい》のとき、つるさんがどうしてもいっしょにくらしたいと言《い》うので、横《よこ》井《い》さんは、つるさんが再婚相手《さいこんあいて》とくらす家《いえ》で、洋服屋《ようふくや》さんを開業《かいぎょう》しました。ところが、2年経《ねんた》ったときに召集令状《しょうしゅうれいじょう》が来《き》ます。そのころ、日本《にっぽん》は中国大陸《ちゅうごくたいりく》へ軍隊《ぐんたい》を進《すす》めはじめていて、横井《よこい》さんもその一員《いちいん》として大陸《たいりく》へわたりました。

このときは1年《ねん》も経《た》たないうちに帰《かえ》ってくることができましたが、2度目《どめ》の召集《しょうしゅう》が1941年《ねん》の8月《がつ》にやってきます。この年《とし》の12月《がつ》から、日本《にっぽん》はアメリカとの戦争《せんそう》を始《はじ》めるのですが、両国《りょうこく》の緊張関係《きんちょうかんけい》が、しだいに強《つよ》まっていたころだったので、つるさんの心《こころ》は不安《ふあん》と悲《かな》しみでいっぱいになり、数日間《すうじつかん》ぼうっとしていたほどでした。

つるさんの息子《むすこ》への愛情《あいじょう》と同《おな》じように、横井《よこい》さんもつるさんのことを人一倍《ひといちばい》思《おも》い、親孝《おやこう》行《こう》は自分《じぶん》のつとめと考《かんが》えていました。学校《がっこう》の教科《きょうか》にある修身《しゅうしん》（道徳《どうとく》）でも、親孝行《おやこうこう》は大事《だいじ》なことのひとつと教《おし》えられます。ところが、当時《とうじ》の軍国教育《ぐんこくきょういく》のもとでは、日本男児《にほんだんじ》が戦争《せんそう》に行《い》ったら、お国《くに》のため、天皇陛下《てんのうへいか》のためにいさぎよく命《いのち》をささげる、花《はな》のようにちることがりっぱなことと、頭《あたま》にたたきこまれていたのです。

2度目《どめ》の兵役《へいえき》につくとき、横井《よこい》さんも覚悟《かくご》を決《き》めました。

(生《い》きて帰《かえ》ってくることはないだろう、戦場《せんじょう》で命《いのち》をちらす運命《うんめい》なのだ。)

しかし、グアム島《とう》の激戦《げきせん》のなかで、実際《じっさい》に死《し》が目《め》の前《まえ》にせまってくると、気持《きも》ちが大《おお》きくゆらぎました。

(お国《くに》のために命《いのち》をささげれば、お母《かあ》さんは悲《かな》しみ、親不孝《おやふこう》をすることになる。体《からだ》はひとつしかない。どっちをとったらいいんだろう?)

国《くに》への思《おも》いと家族《かぞく》への愛情《あいじょう》。ふたつを両立《りょうりつ》させることができない。それが戦争《せんそう》でした。

結局《けっきょく》、横井《よこい》さんは、生《い》きのびる道《みち》をえらびました。

(こんなところで死《し》んでなるものか、ぜったいに生《い》きてふるさとの土《つち》をふみ、お母《かあ》さんに元気《げんき》な姿《すがた》を見《み》せてやるんだ。)

爆撃《ばくげき》や銃弾《じゅうだん》からはのがれ、命《いのち》を落《お》とすことがなかった横井《よこい》さんですが、にげこんだジャングルは、思《おも》った以上《いじょう》にきびしいところでした。その日《ひ》から、銃弾《じゅうだん》に立《た》ちむかうのと同《おな》じくらいの過酷《かこく》な戦《たたか》いが始《はじ》まりました。

まず、食《た》べ物《もの》です。

アメリカに占領《せんりょう》された島《しま》には、昔《むかし》からこの地《ち》にくらす、チャモロ人《じん》が住《す》んでいます。家《いえ》があり、畑《はたけ》もつくっています。しかし、軍《ぐん》のおきてで、たとえ占領地《せんりょうち》であっても、そこに住《す》む人《ひと》から食《た》べ物《もの》などをうばったり暴力《ぼうりょく》をふるったりすることは、かたくきんじられていました。食《た》べ物《もの》は、自然《しぜん》のなかにあるもので、なんとかしなければなりません。

ここで、横井《よこい》さんの知識《ちしき》と経験《けいけん》がいかされます。兵士《へいし》としての横井《よこい》さんの島《しま》での任務《にんむ》は、おもに食糧《しょくりょう》や武器《ぶき》・弾薬《だんやく》など、隊《たい》に必要《ひつよう》なものを手《て》に入《い》れ運《はこ》ぶことでした。そのために、島民《とうみん》とせっし、暮《く》らしぶりを観察《かんさつ》していました。

その経験《けいけん》から、食《た》べられるものの見《み》つけ方《かた》や食《た》べ方《かた》を知《し》っていました。植物《しょくぶつ》ではヤシ、パンノキ、ソテツなど。ヤシからはジュースのようなあまい水《みず》もとれるので、これを飲料《いんりょう》にし、料理《りょうり》にも使《つか》います。また、かたいカラの内側《うちがわ》につく乳《ちち》のようなものを乾燥《かんそう》させたコプラは、食用《しょくよう》にもなり油《あぶら》をとることもできます。いちばん外側《そとがわ》は繊維質《せんいしつ》でできていて、ほぐしてロープにすることもできます。

横井《よこい》さんは、グアム島《とう》での暮《く》らしのなかで、ヤシの実《み》が皮《かわ》から中身《なかみ》まで、あますことなく役《やく》に立《た》つ万能《ばんのう》の植物《しょくぶつ》であることを実感《じっかん》しました。

パンノキは、直径《ちょっけい》10センチから30センチの大《おお》きな実《み》をつけます。果肉《かにく》はデンプンを多《おお》くふくみ、熟《じゅく》すとふかふかしたパンのようになります。味《あじ》はジャガイモか、あまみの少《すく》ないサツマイモのようでした。

ソテツの実《み》はいいにおいがするので、そのまま食《た》べられそうですが、毒《どく》がふくまれていて危険《きけん》です。横井《よこい》さんは、島民《とうみん》が皮《かわ》をむいた実《み》を水《みず》につけ、何日《なんにち》もさらしてから食《た》べるのを見《み》ていたので、同《おな》じ方法《ほうほう》で安全《あんぜん》に食《た》べました。

動物《どうぶつ》では、川《かわ》でとれるエビやウナギがごちそ

横井《よこい》さんがジャングルで使《つか》っていたいろいろな道具《どうぐ》。
日本《にっぽん》に帰《かえ》ってきたときの記者会見《きしゃかいけん》で公開《こうかい》された。

うでした。竹《たけ》であんだかごを水中《すいちゅう》にしかけてとります。そのほか、カエルやカタツムリも食《た》べました。とはいっても、食《た》べ物《もの》はいつも思《おも》うように手《て》に入《はい》るわけではなく、本人《ほんにん》が言《い》うにはつねに「腹三分《はらさんぶ》」。発見《はっけん》されたときも、最初《さいしょ》に空腹《くうふく》をうったえています。

また、火《ひ》をおこすのに、最初《さいしょ》は懐中電灯《かいちゅうでんとう》からとりはずしたレンズを使《つか》って日光《にっこう》を集《あつ》めていましたが、レンズをなくしてからは、２本《ほん》の棒《ぼう》をこすりあわせて発火《はっか》させました。その火《ひ》をたやさないように、ヤシがらの繊維《せんい》であんだロープにうつして保存《ほぞん》しました。

次《つぎ》に、住《す》むところ。

最初《さいしょ》は植物《しょくぶつ》の茎《くき》や葉《は》で小屋《こや》をつくって住《す》んでいましたが、火《ひ》がもえうつってやけてしまったあと、地中《ちちゅう》に穴《あな》をほることにしました。自然《しぜん》にできたどうくつは、島民《とうみん》が知《し》っている可能性《かのうせい》があって危険《きけん》だからです。竹《たけ》の根《ね》がはっていてくずれにくい場所《ばしょ》をえらび、縦穴《たてあな》をほりおろしたあと、横《よこ》に広《ひろ》げて十分《じゅうぶん》な空間《くうかん》をつくりました。出入《でい》り口《ぐち》がわからないように草《くさ》などでカムフラージュします。

しかし、雨季《うき》になると地下水《ちかすい》がわいてきて、中《なか》が水《みず》びたしになり、住《す》めなくなることが何度《なんど》もありました。そのたびに、穴《あな》の住《す》まいをつくりなおさなければなりませんでした。

穴《あな》をほる道具《どうぐ》は、かたい棒《ぼう》の先《さき》をとがらせたもの。砲弾《ほうだん》のかけらをひろってきて、石《いし》でたたいてのばし、ナタの代《か》わりにして棒《ぼう》をけずりました。

もうひとつは衣服《いふく》です。

横井《よこい》さんが職人《しょくにん》として身《み》につけていた技《ぎ》術《じゅつ》が、これほど役《やく》に立《た》つとは、本人《ほんにん》も思《おも》いもしなかったことでしょう。戦争中《せんそうちゅう》に軍《ぐん》からあたえられた服《ふく》は1着《ちゃく》だけ。しかもあまりじょうぶなものではなかったので、数年《すうねん》でぼろぼろになってしまいました。新《あたら》しい服《ふく》など手《て》に入《はい》るわけがないので、自分《じぶん》でつくるしかありません。ところが、布《ぬの》などどこにもないのです。そこで横井《よこい》さんは、糸《いと》づくりから始《はじ》めました。

このときも、それまで島《しま》で見《み》ていたことが役《やく》に立《た》ちました。島民《とうみん》はパゴという木《き》の繊維《せんい》で、ロープやあみをつくっていたのです。木《き》はどこにでも生《は》えています。皮《かわ》をむいてあ

横井《よこい》さんが糸《いと》から手《て》づくりした服《ふく》。

らってほし、糸《いと》にしました。それを布《ぬの》にするには、小《ちい》さなとき、つるさんの機織《はたお》りを手《て》つだったことが役《やく》に立《た》ちます。横井《よこい》さんは、機織《はたお》り機《き》まで自作《じさく》しました。1着分《ちゃくぶん》の糸《いと》をつくるのに3か月《げつ》、布《ぬの》をおるのに3か月《げつ》、服《ふく》に仕立《した》てるのに1か月《げつ》、計《けい》7か月《げつ》でようやくできあがり。ごわごわして、あまりじょうぶではないので、やぶれたら修理《しゅうり》しました。

横井《よこい》さんが発見《はっけん》されたとき、着《き》ている服《ふく》を見《み》てだれもがおどろいたのは、そのつくりがじつにみごとだったことです。ぬいあわせの部分《ぶぶん》もしっかりしているし、ボタンホールのまわりも糸《いと》できちんとかがってありました。針《はり》は、金属《きんぞく》の板《いた》を切《き》り、たたいてのばして穴《あな》をあけたもの。どれもこれも、まさに職人芸《しょくにんげい》というほかありません。

もともと手先《てさき》が器用《きよう》だったのでしょう。でも、さまざまな知識《ちしき》や工夫《くふう》がないと、これだけのことはできないはずです。横井《よこい》さんだからこそ、ジャングルの中《なか》で28年《ねん》もの間《あいだ》、生《い》きのびることができたのだといえます。

それにくわえて、「生《い》きるんだ!」という強《つよ》い気持《きも》ちが、横井《よこい》さんをささえたのはまちがいありません。ひとりぼっちになってから、空腹《くうふく》や病気《びょうき》で死《し》を覚悟《かくご》したことも何度《なんど》かありました。そういうときも、母親《ははおや》のつるさんのことを思《おも》いだし、

（お母《かあ》さんがついていて看病《かんびょう》してくれているから、ぜったい死《し》にはしない。）

そう自分自身《じぶんじしん》をはげましました。

発見《はっけん》から9日後《ここのかご》の2月《がつ》2日《ふつか》、横《よこ》井《い》さんを乗《の》せたジェット機《き》は、現《げん》地時間《ちじかん》の正午前《しょうごまえ》に島《しま》をとびたち、およそ3時間後《じかんご》に東京《とうきょう》の羽田空港《はねだくうこう》に着陸《ちゃくりく》しました。

送迎用《そうげいよう》デッキでは、3000人《にん》もの人《ひと》が待《ま》ちうけていました。そんななか、横井《よこい》さんと20年間《ねんかん》苦労《くろう》をともにしたふたりの仲間《なかま》の遺骨《いこつ》につづいて、横井《よこい》さん本人《ほんにん》が姿《すがた》をあらわすと、大歓声《だいかんせい》があがり、日《ひ》の丸《まる》の小旗《こばた》

飛行機《ひこうき》をおり、ついに日本《にっぽん》に帰《かえ》ってきたところ。

が打《う》ちふられました。

それにこたえて、横井《よこい》さんはあいさつしました。

「グアム島《とう》の状況《じょうきょう》を、つぶさに日本《にっぽん》の方々《かたがた》につたえたいと思《おも》い、はずかしながら、生《い》きながらえて帰《かえ》ってまいりました。」

戦争《せんそう》で死《し》なずに生《い》きて帰《かえ》ることは、はずかしいことだ——。27年前《ねんまえ》の日本《にっぽん》では、そう考《かんが》えられていたのです。

記者会見《きしゃかいけん》のあと、横井《よこい》さんは健康診断《けんこうしんだん》と静養《せいよう》のため、都内《とない》の病院《びょういん》に向《む》かいました。車《くるま》の中《なか》から見《み》る東京《とうきょう》の姿《すがた》には、おどろくばかりでした。40階建《かいだ》てのビル、高速道路《こうそくどうろ》、モノレール……。アルファベットの広告《こうこく》も目立《めだ》ちます。すべてがはじめて見《み》る風景《ふうけい》でした。

日本《にっぽん》はまるで、少《すこ》し前《まえ》まで戦争《せんそう》をしていたのをわすれてしまったかのようでした。

帰国《きこく》した横井《よこい》さんでしたが、ショックを受《う》けたのは、母《はは》つるさんが14年《ねん》も前《まえ》に亡《な》くなっていたという事実《じじつ》です。つるさんにひと目会《めあ》いたくて生《い》きてきたのに……。

実家《じっか》に帰《かえ》る前《まえ》、最初《さいしょ》に墓《はか》へ行《い》き、「お母《かあ》さん!」とよびかけると、墓石《ぼせき》を両手《りょうて》でだき、頭《あたま》をくっつけ、声《こえ》をあげてなきました。

「親孝行《おやこうこう》のまねごともできなかった……。」

28年間《ねんかん》、生《い》きぬくためにおさえていた涙《なみだ》が、とめどなくあふれでました。

半年後《はんとしご》の1972年《ねん》8月《がつ》、横井《よこい》さんが向《む》かった先《さき》はお見合《みあ》いの席《せき》でした。

連日《れんじつ》マスコミに追《お》いまわされ、出会《であ》うすべての人《ひと》に、めずらしいものを見《み》るような目《め》で見《み》られ、すっかり人間不信《にんげんふしん》になっていた横井《よこい》さん。

お見合《みあ》い相手《あいて》の女性《じょせい》に、開口一番失礼《かいこういちばんしつれい》なことを言《い》います。

「あんたも、わしの顔《かお》を見《み》に来《き》たんだろう。」

すると女性《じょせい》は、いかりもせず、横井《よこい》さんを庭《にわ》へつれだします。そして、

「そんなんじゃ、いい人《ひと》にはめぐりあえないわよ。あなたはまだ帰《かえ》ってきてから1年《ねん》も経《た》っていないの。ゆっくりさがさないと。」

それが美保子《みほこ》さんとの出会《であ》いでした。

横井《よこい》さんは、自分《じぶん》をひとりの人間《にんげん》としてまっすぐに見《み》てくれた、美保子《みほこ》さんにひかれます。

3か月後《げつご》、ふたりは結婚《けっこん》しました。横井《よこい》さん57才《さい》、美保子《みほこ》さん44才《さい》。

横井《よこい》さんの、ひとりぼっちは終《お》わりました。

帰《かえ》ってきた横井《よこい》さんに対《たい》して、国《くに》の対応《たいおう》はつめたいものでした。

ジャングルにいた横井《よこい》さんは年金《ねんきん》の保険料《ほけんりょう》もおさめていないので、年金《ねんきん》も受《う》けとれません。

「わしは勝手《かって》にグアム島《とう》に行《い》ったんかなあ。」

横井《よこい》さんは、そうこぼしていました。

自宅《じたく》で食《た》べる分《ぶん》の野菜《やさい》を栽培《さいばい》するなど、できることから生活《せいかつ》を整《ととの》えながら、横井《よこい》さんは、日本《にっぽん》で生《い》きていくために、グアム島《とう》での生活《せいかつ》を語《かた》る講演《こうえん》を全国《ぜんこく》で行《おこな》いました。ぜいたくになりす

1974年《ねん》、手記出版《しゅきしゅっぱん》の準備《じゅんび》をする横井《よこい》さんと美保子《みほこ》さん。

ぎた日本人《にほんじん》に、まずしくても工夫《くふう》しだいで、幸《しあわ》せにくらせると、つたえたい思《おも》いがありました。帰国《きこく》2年後《ねんご》には参議院議員選挙《さんぎいんぎいんせんきょ》に立候補《りっこうほ》しましたが、結果《けっか》は落選《らくせん》でした。

落選《らくせん》がきっかけで、マスコミにとりあげられることも、だんだんへっていきました。

そういった横井《よこい》さんの活動《かつどう》のすべてを、美保子《みほこ》さんがささえました。ジャングルでの生《せい》活《かつ》よりも短《みじか》い25年間《ねんかん》でしたが、横井《よこい》さんが82才《さい》で亡《な》くなるまで、ふたりだけで、おだやかに、幸《しあわ》せにすごすことができました。

現在《げんざい》、名古屋市内《なごやしない》の自宅《じたく》は、横井《よこい》さんの遺志《いし》によって「横井庄一記念館《よこいしょういちきねんかん》」となり、グアム島《とう》のほら穴《あな》ハウスの模型《もけい》や、機織《はたお》り機《き》などの道具《どうぐ》や生活用品《せいかつようひん》が展示《てんじ》されています。

美保子《みほこ》さんが名《な》づけた記念館《きねんかん》の名前《なまえ》は「明日《あす》への道《みち》」。

ジャングルでのきびしい生活《せいかつ》では、明日《あす》を信《しん》じられなくなることもあったかもしれません。

でも、横井《よこい》さんは明日《あす》を信《しん》じ、帰《かえ》れる日《ひ》が来《く》ることを信《しん》じて、生《い》きのびたのです。

記念館《きねんかん》にあるものは、どれも、横井《よこい》さんが、毎日一歩《まいにちいっぽ》ずつ「明日《あす》への道《みち》」をたどりつづけたことを、わたしたちに教《おし》えてくれます。

子《こ》どもたちを背中《せなか》に乗《の》せた東山動物園《ひがしやまどうぶつえん》の象《ぞう》、エルド（手前《てまえ》）とマカニー。

笑顔《えがお》を乗《の》せて 象列車出発《ぞうれっしゃしゅっぱつ》！

1949年《ねん》6月《がつ》 名古屋《なごや》へ象列車運行《ぞうれっしゃうんこう》

高藤圭希《たかとうけいき》・文《ぶん》
藤原《ふじわら》ヒロコ・絵《え》

戦争中《せんそうちゅう》、日本《にっぽん》の多《おお》くの動物園《どうぶつえん》で、動物《どうぶつ》たちが殺《ころ》されてしまいました。爆弾《ばくだん》が落《お》ち、動物《どうぶつ》たちがにげだすと危険《きけん》だからという理由《りゆう》でした。戦争《せんそう》が終《お》わっても、おりはからっぽのまま……。子《こ》どもたちは、笑顔《えがお》があふれる動物園《どうぶつえん》にもどすために、動《うご》きだします。

1949年《ねん》5月《がつ》。こどもの日《ひ》をひかえ、日本各地《にほんかくち》で「子《こ》ども議会《ぎかい》」が行《おこな》われていました。太平洋戦争《たいへいようせんそう》が終《お》わってから、まだ4年《ねん》。人《ひと》びとの生活《せいかつ》のなかにも、戦争《せんそう》のなごりがありました。

議会《ぎかい》とは、ひとつのテーマを決《き》めて、みんなで話《はな》し合《あ》いをするところです。子《こ》ども議会《ぎかい》に参加《さんか》するのは、子《こ》どもだけです。

東京《とうきょう》の台東区《たいとうく》でも、子《こ》ども議会《ぎかい》が行《おこな》われていました。だれかひとりが、その日《ひ》のテーマを提案《ていあん》するのが、議会《ぎかい》の始《はじ》まりの合図《あいず》です。この日《ひ》の提案《ていあん》は、こんな不思議《ふしぎ》なものでした。

「愛知県名古屋市《あいちけんなごやし》の東山動物園《ひがしやまどうぶつえん》というところに、2頭《とう》、象《ぞう》がいるそうです。いま、東京《とうきょう》の動物園《どうぶつえん》には象《ぞう》がいません。この象《ぞう》をかしてもらえるように、たのんでみてはどうでしょうか。」

戦争中《せんそうちゅう》は、「爆弾《ばくだん》が落《お》ちて、猛獣《もうじゅう》がにげだしたら、危険《きけん》だ」という理由《りゆう》で、「動物園《どうぶつえん》にいる猛獣《もうじゅう》は、すべて殺《ころ》せ」という命令《めいれい》が国《くに》から出《だ》されていました。東京《とうきょう》の動物園《どうぶつえん》の象《ぞう》も殺《ころ》されてしまっていたので、象《ぞう》を見《み》たことがない子《こ》どもも、たくさんいたのです。このとき象《ぞう》がいる動物園《どうぶつえん》は、日本中《にほんじゅう》で、名古屋市《なごやし》の東山動物園《ひがしやまどうぶつえん》だけでした。

「東山動物園《ひがしやまどうぶつえん》から象《ぞう》をかりよう」という提案《ていあん》には、全員《ぜんいん》が大賛成《だいさんせい》でした。象《ぞう》をかりに行《い》く代表《だいひょう》として、議長《ぎちょう》の大畑敏樹《おおはたとしき》くんと、副議長《ふくぎちょう》の厚田尚子《あつだなおこ》さんがえらばれました。

ふたりが先生《せんせい》と３人《にん》で東京駅《とうきょうえき》を出発《しゅっぱつ》したのは、議会《ぎかい》で象《ぞう》をかりると決《き》めた日《ひ》から、３日後《みっかご》。夜行列車《やこうれっしゃ》で、一晩《ひとばん》かけて向《む》かいます。駅《えき》には、１００人《にん》以上《いじょう》の友《とも》だちが見送《みおく》りにやってきました。

「がんばって説得《せっとく》してきてね。」

「象《ぞう》が来《く》るのを楽《たの》しみにしているよ。」

顔《かお》をかがやかせる友《とも》だちの期待《きたい》をせおい、敏樹《としき》くんと尚子《なおこ》さんは、列車《れっしゃ》に乗《の》りこみました。夢《ゆめ》をかなえるための、長《なが》い旅《たび》の始《はじ》まりです。

次《つぎ》の日《ひ》、東京《とうきょう》からやってきたふたりをむかえ、名古屋《なごや》の子ども議会《ぎかい》が開《ひら》かれました。

尚子《なおこ》さんは、東京《とうきょう》の子《こ》ども議員《ぎいん》の代表《だいひょう》として、自分《じぶん》たちの意見《いけん》を発表《はっぴょう》します。

「東京《とうきょう》には、象《ぞう》を見《み》たことのない友《とも》だちが、たくさんいます。少《すこ》しの間《あいだ》でいいので、象《ぞう》をかしてもらえないでしょうか。」

それを聞《き》いて、名古屋《なごや》の子《こ》ども議員《ぎいん》も考《かんが》えをつたえます。

「東京《とうきょう》だけにかすのは、不公平《ふこうへい》になると思《おも》います。」

すると、また別《べつ》の議員《ぎいん》は、

「だけど、名古屋《なごや》でひとりじめするのも、よくないと思《おも》います。」

はじめて会《あ》う子《こ》ども議員同士《ぎいんどうし》、それぞれの意見《いけん》をぶつけあいましたが、ひとりひとり考《かんが》え方《かた》がちがい、結論《けつろん》が出《で》ません。

ふたりは、東山動物園《ひがしやまどうぶつえん》にも、直接話《ちょくせつはなし》をしに行《い》くことにしました。

東山動物園《ひがしやまどうぶつえん》の象《ぞう》は、エルドとマカニーという名前《なまえ》の、年老《としお》いた象《ぞう》です。戦後間《せんごま》もないのでえさも少《すく》なく、2頭《とう》は、やせて、弱《よわ》ってしまっていました。

園長《えんちょう》は、東京《とうきょう》から来《き》たふたりをかんげいして、象《ぞう》の背中《せなか》に乗《の》せてくれました。敏樹《としき》くんも尚子《なおこ》さんも、思《おも》ってもみないおもてなしに、大《おお》はしゃぎです。東京《とうきょう》の友《とも》だちのために、象《ぞう》をつれてかえりたいという気持《きも》ちは、ますます強《つよ》くなりました。

「せめて、1頭《とう》だけでも、かしてもらえないでしょうか。」

尚子《なおこ》さんは、園長《えんちょう》に、うったえました。

尚子《なおこ》さんの友《とも》だちへの思《おも》いはわかるものの、園長《えんちょう》は、すぐに返事《へんじ》をすることができませんでした。象《ぞう》は、体重《たいじゅう》が3トンもあるので、かんたんに東京《とうきょう》へつれていくことはできません。そして、園長《えんちょう》にも、象《ぞう》への強《つよ》い思《おも》いがあったのです。

戦争中《せんそうちゅう》、東山動物園《ひがしやまどうぶつえん》にも、「猛獣《もうじゅう》を殺《ころ》せ」という命令《めいれい》は、とどいていました。動物《どうぶつ》をほんとうの子《こ》どものようにかわいがっていた飼育員《しいくいん》さんたちには、ぜったいにできないことでした。しかし、命令《めいれい》にさからうことはできません。クマ、ライオンと、動物《どうぶつ》をつぎつぎと殺《ころ》していかなければなりませんでした。最後《さいご》は、象《ぞう》の番《ばん》です。

園長《えんちょう》は、象《ぞう》はおだやかな性格《せいかく》の動物《どうぶつ》だということを、軍《ぐん》に対《たい》して必死《ひっし》にうったえました。そして、エルドとマカニーの足《あし》にくさりをつけ、毎月《まいつき》、2頭《とう》がどんなようすかを報告《ほうこく》しました。その努力《どりょく》が実《みの》り、なんとかエルドとマカニーを殺《ころ》さなくてもすむことになったのです。

おなかをすかせている2頭《とう》の象《ぞう》のために、馬《うま》のえさをこっそりおいていってくれた軍人《ぐんじん》もいました。多《おお》くの人《ひと》の思《おも》いで、2頭《とう》の命《いのち》はすくわれました。園長《えんちょう》には、戦争中《せんそうちゅう》、つらい思《おも》いをしたエルドとマカニーに、おだやかに生活《せいかつ》させてあげたいという思《おも》いがありました。

それに、エルドとマカニーは、小《ちい》さいころからずっといっしょにくらしています。そんな2頭《とう》を引《ひ》きはなすことはできないということを、敏樹《としき》くんと尚子《なおこ》さんに見《み》せることにしました。

まず、エルドを柵《さく》の中《なか》に入《い》れ、マカニーを柵《さく》の外《そと》に出《だ》します。はなればなれになった2頭《とう》は大《おお》きな声《こえ》で鳴《な》きはじめ、力《ちから》いっぱい、柵《さく》に体当《たいあ》たりをします。2頭《とう》の額《ひたい》からは、血《ち》が流《なが》れてきました。それでも、柵《さく》はこわれません。

そのうち、2頭《とう》は、柵《さく》ごしに、身《み》をよせあいました。2頭《とう》は、いっしょにいたかったのです。エルドとマカニーのきずなの強《つよ》さがつたわってきます。

翌日《よくじつ》、敏樹《としき》くんと尚子《なおこ》さんは、名古屋市《なごやし》の塚本市長《つかもとしちょう》にも会《あ》いに行《い》きました。市長《しちょう》の意見《いけん》も、象《ぞう》をかすことはできないというものでした。ふたりは、動物園《どうぶつえん》でのエルドとマカニーのようすを見《み》て、頭《あたま》では、東京《とうきょう》につれていくことはできないとわかっていました。それでも、自分《じぶん》たちにたくされた思《おも》いにこたえるため、どうにか2頭《とう》をかりたかったのです。尚子《なおこ》さんの目《め》から、涙《なみだ》があふれました。

市長《しちょう》は、しばらく考《かんが》えこんだあと、意外《いがい》な考《かんが》えを思《おも》いつきました。

それは、象《ぞう》を東京《とうきょう》に送《おく》るのではなく、東京《とうきょう》と名古屋《なごや》をむすぶ特別列車《とくべつれっしゃ》を運行《うんこう》し、東京《とうきょう》の子《こ》どもたちに、東山動物園《ひがしやまどうぶつえん》に来《き》

てもらおうというものです。さっそく、市《し》の職員《しょくいん》や、鉄道会社《てつどうがいしゃ》の人《ひと》、動物園《どうぶつえん》の園長《えんちょう》を集《あつ》め、その考《かんが》えを話《はな》すと、みんな、よろこんで賛成《さんせい》しました。

ついに、子《こ》ども議会《ぎかい》の願《ねが》いがかなえられることになりました。

6月《がつ》26日《にち》。東山動物園《ひがしやまどうぶつえん》には、東京《とうきょう》から来《き》た、たくさんの子《こ》どもたちの姿《すがた》がありました。なかには、象《ぞう》の背中《せなか》に乗《の》せてもらっている子《こ》もいます。エルドとマカニーも、おだやかな目《め》をしています。

園長《えんちょう》も、子《こ》どもたちの楽《たの》しそうな姿《すがた》を見《み》て、目《め》を細《ほそ》めました。

この日《ひ》を始《はじ》まりに、全国各地《ぜんこくかくち》から、何万人《なんまんにん》もの子《こ》どもたちが2頭《とう》に会《あ》いにやってきたのです。

子《こ》どもたちとエルド、マカニー。

小《ち》さな巨人《きょじん》

1991年《ねん》1月《がつ》
国連難民高等弁務官就任《こくれんなんみんこうとうべんむかんしゅうにん》

金田恭子《かねだきょうこ》・文《ぶん》

旧《きゅう》ユーゴスラビア紛争下《ふんそうか》のサラエボを視察《しさつ》する緒方貞子《おがたさだこ》さん。

緒方貞子《おがたさだこ》さんは、国際社会《こくさいしゃかい》でもっとも有名《ゆうめい》な日本人《にほんじん》のひとりです。大学《だいがく》の先生《せんせい》をしていた緒方《おがた》さんは、あるきっかけから国際連合《こくさいれんごう》の仕事《しごと》を始《はじ》めます。緒方《おがた》さんを待《ま》っていたのは、戦争《せんそう》や迫害《はくがい》などで自分《じぶん》の国《くに》に住《す》めなくなってしまった難民《なんみん》をすくう仕事《しごと》でした。

第二次世界大戦《だいにじせかいたいせん》が始《はじ》まる7年《ねん》ほど前《まえ》。アメリカのオレゴン州《しゅう》、ポートランドにある小学校《しょうがっこう》では、白人《はくじん》の子《こ》どもたちのなかに日本人《にほんじん》の女《おんな》の子《こ》がひとりまじって、元気《げんき》よくかけまわっていました。

「サダ、次《つぎ》の授業《じゅぎょう》は先生《せんせい》が詩《し》を読《よ》んでくれるんだって！」

「ほんとう？　楽《たの》しみね！　このあいだのはもう全部《ぜんぶ》おぼえちゃったわ！」

友《とも》だちから「サダ」とよばれたのは、緒方貞子《おがたさだこ》さん。詩《し》と星空《ほしぞら》が大《だい》すきな女《おんな》の子《こ》です。

政治家《せいじか》と外交官《がいこうかん》が多《おお》い家《いえ》に生《う》まれ、外交官《がいこうかん》のお父《とう》さんの仕事《しごと》で3才《さい》から10才《さい》まで、アメリカや中国《ちゅうごく》ですごしました。家《いえ》の本棚《ほんだな》には国際関係《こくさいかんけい》の本《ほん》がならび、家族《かぞく》がよく外国《がいこく》

小学生《しょうがくせい》のときの緒方《おがた》さん（中央《ちゅうおう》）。

の話《はなし》をしていたため、世界《せかい》にはたくさんの国《くに》や文化《ぶんか》があることを感《かん》じながら育《そだ》ちました。日本《にっぽん》に帰国《きこく》してしばらく経《た》つと、戦争《せんそう》が始《はじ》まりました。

終戦直前《しゅうせんちょくぜん》には、緒方《おがた》さんのいた東京《とうきょう》は、たびたび空襲《くうしゅう》にみまわれ、そのたびに庭《にわ》に穴《あな》をほってつくった防空壕《ぼうくうごう》に入《はい》って、じっと敵《てき》がすぎさるのを待《ま》つようになりました。女学生《じょがくせい》の緒方《おがた》さんが、暗《くら》くじめじめした防空壕《ぼうくうごう》の中《なか》で思《おも》いだしていたのは、アメリカの小学校《しょうがっこう》で友《とも》だちと走《はし》りまわっていた日々《ひび》です。

（友《とも》だちのいる国《くに》が、なぜこんなことをするんだろう……。）

終戦後《しゅうせんご》、日本最初《にっぽんさいしょ》の女子大学《じょしだいがく》のひとつである聖心女子大学《せいしんじょしだいがく》に入学《にゅうがく》した緒方《おがた》さんは、英文学《えいぶんがく》の勉強《べんきょう》を始《はじ》めました。

全生徒《ぜんせいと》のリーダーである学生自治会《がくせいじちかい》の会長《かいちょう》になり、人《ひと》の意見《いけん》をよく聞《き》き、ものごとを決《き》める力《ちから》も身《み》につけていきました。

卒業後《そつぎょうご》はアメリカに2度留学《どりゅうがく》。当時《とうじ》はまだ海外《かいがい》に留学《りゅうがく》する女性《じょせい》が少《すく》なかった時代《じだい》でした。緒方《おがた》さんは、国際政治《こくさいせいじ》を専門《せんもん》に勉強《べんきょう》しました。

1960年《ねん》には、同《おな》い年《どし》で銀行員《ぎんこういん》の四十郎《しじゅうろう》さんと結婚《けっこん》し、ふたりの子《こ》どもを出産《しゅっさん》。家族《かぞく》にあふれんばかりの愛情《あいじょう》をそそぐ母親《ははおや》の顔《かお》と、大学《だいがく》で外交《がいこう》史《し》や国際政治《こくさいせいじ》について教《おし》える先生《せんせい》の顔《かお》をもち、充実《じゅうじつ》した日々《ひび》を送《おく》っていました。

緒方《おがた》さんが国際社会《こくさいしゃかい》へとびこむきっかけとなったのは、1968年《ねん》の7月末《がつすえ》です。ある日《ひ》、家《いえ》に見知《みし》らぬ女性《じょせい》がたずねてきてこう切《き》りだしました。

「日本《にっぽん》の代表《だいひょう》として国連総会《こくれんそうかい》に行《い》ってほしいのです。」

話《はなし》を聞《き》くと、この女性《じょせい》は市川房枝《いちかわふさえ》さんという国会議員《こっかいぎいん》で、女性《じょせい》の地位《ちい》の向上《こうじょう》を目指《めざ》す婦人運動家《ふじんうんどうか》でした。国連《こくれん》に送《おく》る女性《じょせい》の代表《だいひょう》をさがしていたところ、留学中《りゅうがくちゅう》につちかった英語力《えいごりょく》と国際政治《こくさいせいじ》の知識《ちしき》をもつ緒方《おがた》さんの存在《そんざい》を知《し》り、やってきたというのです。

「わたしが、日本《にっぽん》の代表《だいひょう》に？」

国連総会《こくれんそうかい》はニューヨークで9月《がつ》から3か月《げつ》にわたって行《おこな》

緒方《おがた》さんと、夫《おっと》・四十郎《しじゅうろう》さん、長男《ちょうなん》。

われます。緒方《おがた》さんは、お母《かあ》さんの恒子《つねこ》さんに相談《そうだん》しましたが、小《ちい》さな子《こ》どもたちをのこしていくのは心配《しんぱい》だという話《はなし》になりました。

話《はなし》の流《なが》れをかえたのは、お父《とう》さんの豊一《とよいち》さんでした。

「留守中《るすちゅう》のことはみんなで考《かんが》えるから、行《い》ったらいい。ああでもない、こうでもないと考《かんが》えるより、まず決《き》めて、それから方法《ほうほう》を考《かんが》えなさい。」

緒方《おがた》さんの気持《きも》ちが動《うご》きました。

夫《おっと》の四十郎《しじゅうろう》さんも、力強《ちからづよ》く応援《おうえん》してくれました。

「ぜひ行《い》くべきだよ！」

もともと、自分《じぶん》のやりたいことはまよわず挑戦《ちょうせん》する緒方《おがた》さんです。やってみたいという気持《きも》ちがどんどん大《おお》きくなっていきます。家族《かぞく》みんなが、緒方《おがた》さんの背中《せなか》を押《お》しました。

「やればなんとかなるから行《い》きなさい！」

3か月《げつ》の国連総会《こくれんそうかい》は、国際政治《こくさいせいじ》の生《い》きた教室《きょうしつ》でした。あらゆる問題《もんだい》を世界中《せかいじゅう》の国々《くにぐに》がどう受《う》けとめているのか、どのように意見《いけん》をかわすのかを学《まな》びました。

帰国後《きこくご》も、大学《だいがく》で教《おし》えながら国連《こくれん》で活躍《かつやく》する場《ば》を広《ひろ》げ、外国《がいこく》との交渉《こうしょう》の経験《けいけん》をつみかさねていきました。

家《いえ》をはなれることもありましたが、四十郎《しじゅうろう》さんや子《こ》どもたちとは電話《でんわ》で連絡《れんらく》をとりあい、家族《かぞく》はいつもかたいきずなでむすばれていました。

1990年《ねん》11月《がつ》。外務省《がいむしょう》から、次《つぎ》の国連難民高等弁務官《こくれんなんみんこうとうべんむかん》に立候補《りっこうほ》してはどうかという連《れん》絡《らく》がありました。国連《こくれん》の人道支援機関《じんどうしえんきかん》のひとつであるUNHCR《ユーエヌエイチシーアール》（国連難民高等弁務官事務《こくれんなんみんこうとうべんむかんじむ》所《しょ》）のリーダーです。緒方《おがた》さんはとてもおどろきました。ほかの国《くに》の候補者《こうほしゃ》は名《な》の通《とお》った人《ひと》ばかりだったので、なぜ自分《じぶん》が候補《こうほ》に？　と思《おも》ったのです。

しかし、ものしずかといわれる日本人《にほんじん》にしてはめずらしく、国際会議《こくさいかいぎ》で積極的《せっきょくてき》に発言《はつげん》する緒方《おがた》さんは、世界《せかい》の注目《ちゅうもく》を集《あつ》めていました。長《なが》い間《あいだ》つみかさねてきた、国連《こくれん》での仕事《しごと》も評価《ひょうか》されています。15名《めい》いた候補者《こうほしゃ》がしぼられ、緒方《おがた》さんに決《き》まるまで、さほど時間《じかん》はかかりませんでした。国連難民高等弁務官《こくれんなんみんこうとうべんむかん》に緒方《おがた》さんがえらばれたのは、女性初《じょせいはつ》、アジア人《じん》初《はつ》、学者《がくしゃ》としても初《はつ》のことでした。

（四十郎《しじゅうろう》さんも子《こ》どもたちも、みんなが応援《おうえん》してくれている。やってみよう。）

緒方《おがた》さんの答《こた》えは「イエス」。63才《さい》のときのことでした。

1991年《ねん》2月《がつ》。緒方《おがた》さんはUNHCR《ユーエヌエイチシーアール》本部《ほんぶ》のあるスイスのジュネーブにやってきました。職員《しょくいん》たちは、新《あたら》しいリーダーの話題《わだい》でもちきりです。

「今度《こんど》のリーダーはよく質問《しつもん》する人《ひと》だね。昨日《きのう》もあれこれ聞《き》きに来《き》たよ。」

「まあ、お手《て》なみ拝見《はいけん》といこうじゃないか。」

4月《がつ》、イラクで180万人《まんにん》ものクルド人難民《じんなんみん》が発生《はっせい》し、イラクのとなりのイランとトルコの国境《こっきょう》におしよせました。イラクには、さまざまな民族《みんぞく》がいっしょにくらしています。ところが、少数民族《しょうすうみんぞく》のクルド人《じん》たちは、独裁者《どくさいしゃ》・フセインのひきいるイラク軍《ぐん》に迫害《はくがい》を受《う》け、国外《こくがい》へ脱出《だっしゅつ》しようとしていたのです。

180万人《まんにん》のうち、140万人《まんにん》はイランに受《う》けいれられ、トルコに受《う》けいれをこばまれた40万人《まんにん》が立《た》ち往生《おうじょう》していました。

けわしい山間部《さんかんぶ》に集《あつ》まったクルド人難民《じんなんみん》たち。

緒方《おがた》さんは、現場《げんば》に急行《きゅうこう》することにしました。

生《う》まれてはじめて乗《の》るヘリコプターを見《み》た緒方《おがた》さんは、ごくりとツバをのみました。目《め》の前《まえ》で見《み》ると思《おも》った以上《いじょう》に大《おお》きく、バラバラバラバラというプロペラのすさまじい音《おと》は、まわりの音《おと》をすべてかき消《け》していきます。

（わたしは、とてつもない仕事《しごと》を引《ひ》きうけてしまったんだ。これからは、こんなものに乗《の》って世界《せかい》をとびまわることになるんだろうか……。）

イラクの北部《ほくぶ》、トルコとの国境地帯《こっきょうちたい》は、けわしい山々《やまやま》でした。見《み》わたすかぎり人《ひと》、人《ひと》、人《ひと》……。岩《いわ》ばかりの急斜面《きゅうしゃめん》にクルド人《じん》たちが身《み》をよせあっています。大《おお》きな町《まち》がまるごと引《ひ》っこしてきたかのようです。さらに、ぎっしりと人《ひと》が乗《の》りこんだトラックが、次《つぎ》から次《つぎ》へと到着《とうちゃく》します。

緒方《おがた》さんは、避難《ひなん》してきたクルド人《じん》のなかを歩《ある》きまわって話《はなし》を聞《き》きました。

「だれとここへ来《き》たのですか？」

「お母《かあ》さんと弟《おとうと》。お父《とう》さんはまだイラクにいる。病気《びょうき》の弟《おとうと》に食《た》べさせるものがないの。」

難民《なんみん》の多《おお》くは、女性《じょせい》と子《こ》どもでした。家《いえ》も食《た》べ物《もの》もなく、夜《よる》は氷点下《ひょうてんか》となるきびしい寒《さむ》さの中《なか》、雨《あめ》や風《かぜ》にさらされていました。

「なぜここへ来《き》たのですか？」

「イラク軍《ぐん》からにげてきました。イラクでは、たくさんの人間《にんげん》がイラク軍《ぐん》に殺《ころ》されたのを見《み》ました。わたしは、どんなことをしてもこの子《こ》を守《まも》りたいのです。」

命《いのち》を危険《きけん》にさらされながらも、家族《かぞく》を思《おも》う気持《きも》ちをわすれないかれらを見《み》ていると、胸《むね》がおしつぶされそうになります。

（この人《ひと》たちを助《たす》けたい。家族《かぞく》といっしょに、あたたかい家《いえ》へ帰《かえ》してあげたい。）

歩《ある》きまわること12時間《じかん》。緒方《おがた》さんは、大《おお》きな難題《なんだい》にぶつかっていました。

（あのクルド人《じん》たちは『難民《なんみん》』とはよべない……。）

難民《なんみん》とは、身《み》の危険《きけん》を感《かん》じて自国《じこく》からはなれた人《ひと》のこと。トルコが国境《こっきょう》を封鎖《ふうさ》していたため、まだ国境《こっきょう》をこえていないクルド人《じん》は難民《なんみん》とはいえず、UNHCR《ユーエヌエイチシーアール》の保護対象《ほごたいしょう》ではなかったのです。

緒方《おがた》さんはすぐにトルコの大統領《だいとうりょう》に会《あ》いに行《い》き、おねがいしました。

「どうか、国境《こっきょう》を開《あ》けてください。クルド人《じん》を受《う》けいれてください。」

大統領《だいとうりょう》は緒方《おがた》さんにトルコの民族分布図《みんぞくぶんぷず》を見《み》せながら、トルコ国内《こくない》でも、クルド人《じん》との対立《たいりつ》が起《お》きていることを説明《せつめい》しました。

「トルコにクルド人《じん》がふえると、治安《ちあん》が悪化《あっか》するおそれがあります。わかってください。」

緒方《おがた》さんは考《かんが》えました。

(こうなったら、イラク国内《こくない》でクルド人《じん》たちを保護《ほご》するしかない。でも、難民《なんみん》ではない人《ひと》びとを保護《ほご》すると、任務《にんむ》に反《はん》することになる……。)

こうしてなやんでいる間《あいだ》にも、小《ち》さな子《こ》どもが過酷《かこく》な環境《かんきょう》で命《いのち》を落《お》としています。事態《じたい》が一刻《いっこく》をあらそうのは百《ひゃく》も承知《しょうち》です。緒方《おがた》さんは大急《おおいそ》ぎでスイスのUNHCR《ユーエヌエイチシーアール》本部《ほんぶ》にもどると、職員《しょくいん》を集《あつ》め、会議《かいぎ》を開《ひら》きました。

多《おお》くの職員《しょくいん》が、クルド人《じん》たちを助《たす》けるべきではないと強《つよ》く主張《しゅちょう》していました。

「難民《なんみん》でないなら、保護《ほご》するべきではありません。クルド人《じん》たちには気《き》のどくですが、決《き》まりは厳格《げんかく》に守《まも》るべきです。」

「こまっている人《ひと》の支援《しえん》をするのが、UNHCR《ユーエヌエイチシーアール》の仕事《しごと》ではないのですか。」

「世界《せかい》には、こまっている人《ひと》が山《やま》ほどいます。前例《ぜんれい》をつくったら、切《き》りがありませんよ。」

緒方《おがた》さんはじっと、ひとりひとりの意見《いけん》に耳《みみ》をかたむけています。しかし、だれも正解《せいかい》などわかりません。意見《いけん》が出《で》つくして、みんながこまりはてたそのとき、

「決心《けっしん》しました。」

にげ場《ば》のないもやもやとした空気《くうき》をふりはらうように、緒方《おがた》さんが言《い》いました。

「わたしは、クルド人《じん》を助《たす》けることに決《き》めました。なぜならUNHCR《ユーエヌエイチシーアール》は、国境《こっきょう》をこえたかどうかにかかわりなく、こまっている人《ひと》びとのそばにいる必要《ひつよう》があるからです。」

ここに来《き》てまだ間《ま》もないとは思《おも》えないほど、明確《めいかく》にきっぱりと結論《けつろん》を出《だ》したことに、その場《ば》にいた職員《しょくいん》のだれもがおどろきました。

そうと決《き》まれば、職員《しょくいん》たちも急《いそ》がなければなりません。クルド人《じん》たちを山《やま》からつれもどし、イラクの平《たい》らな土地《とち》に大規模《だいきぼ》な難民《なんみん》キャンプをつくるのです。世界各地《せかいかくち》で働《はたら》く職《しょく》

緒方《おがた》さんの決断《けつだん》が、多《おお》くのクルド人《じん》をすくった。

員《いん》をよびもどしての、突貫工事《とっかんこうじ》が始《はじ》まりました。

緒方《おがた》さんは、救援物資《きゅうえんぶっし》の手配《てはい》やそのルートをつくるための交渉《こうしょう》、資金集《しきんあつ》め、ほかにも数《かぞ》えきれないほどの仕事《しごと》をかかえ、ねる間《ま》もおしんで世界《せかい》をとびまわりました。

緒方《おがた》さんとUNHCR《ユーエヌエイチシーアール》の職員《しょくいん》の必死《ひっし》の努力《どりょく》で、クルド人《じん》たちのもとに、テント、毛布《もうふ》、炊事用具《すいじようぐ》、水《みず》や食糧《しょくりょう》など、9000トンもの援助物資《えんじょぶっし》がとどけられました。UNHCR《ユーエヌエイチシーアール》がつくった難民《なんみん》キャンプでは、クルド人《じん》たちの新《あら》たな暮《く》らしが始《はじ》まりました。

すべての難民《なんみん》の帰還《きかん》が終《お》わった6月末《がつすえ》、緒方《おがた》さんはアメリカに向《む》かっていました。

イラクでの戦争《せんそう》がおさまり、撤退《てったい》しようとしていたアメリカ軍《ぐん》に、クルド人《じん》がイラク軍《ぐん》から迫害《はくがい》を受《う》けないよう、難民《なんみん》キャンプの近《ちか》くにとどまってくれることを、たのむためでした。人道支援《じんどうしえん》の機関《きかん》が軍《ぐん》に願《ねが》いごとをするなど、それまでの常識《じょうしき》からいったら考《かんが》えられないことです。しかし、とうとい命《いのち》を守《まも》るためです。

ブッシュ大統領《だいとうりょう》に面《めん》と向《む》かって、難民問題《なんみんもんだい》の切実《せつじつ》さをうったえました。

「イラク北部《ほくぶ》のアメリカ軍《ぐん》の滞在《たいざい》をのばしてください。どうしてものこってください。」

「わかりました。撤退《てったい》は、時間《じかん》をかけて、責任《せきにん》をはたしながら行《おこな》いましょう。」

ブッシュ大統領《だいとうりょう》は、軍《ぐん》を早《はや》めに撤退《てったい》させるつもりでしたが、緒方《おがた》さんの話《はなし》を聞《き》いて、クルド人《じん》たちの安全確保《あんぜんかくほ》に協力《きょうりょく》することを約束《やくそく》したのです。

このときの緒方《おがた》さんの決断《けつだん》は、ＵＮＨＣＲ《ユーエヌエイチシーアール》の歴史《れきし》をかえたといわれています。

これ以降《いこう》も、紛争《ふんそう》や迫害《はくがい》が世界中《せかいじゅう》でふえつづけ、国内《こくない》にいながら避難《ひなん》する人《ひと》びとの発生《はっせい》があいつぎました。緒方《おがた》さんが生《う》みだした「国内避難民《こくないひなんみん》」という考《かんが》え方《かた》が、多《おお》くの命《いのち》をすくったのです。

翌年《よくねん》の１９９２年《ねん》。今度《こんど》はボスニア・ヘルツェゴビナで民族紛争《みんぞくふんそう》が起《お》こりました。

旧《きゅう》ユーゴスラビアからの独立《どくりつ》をめぐって、

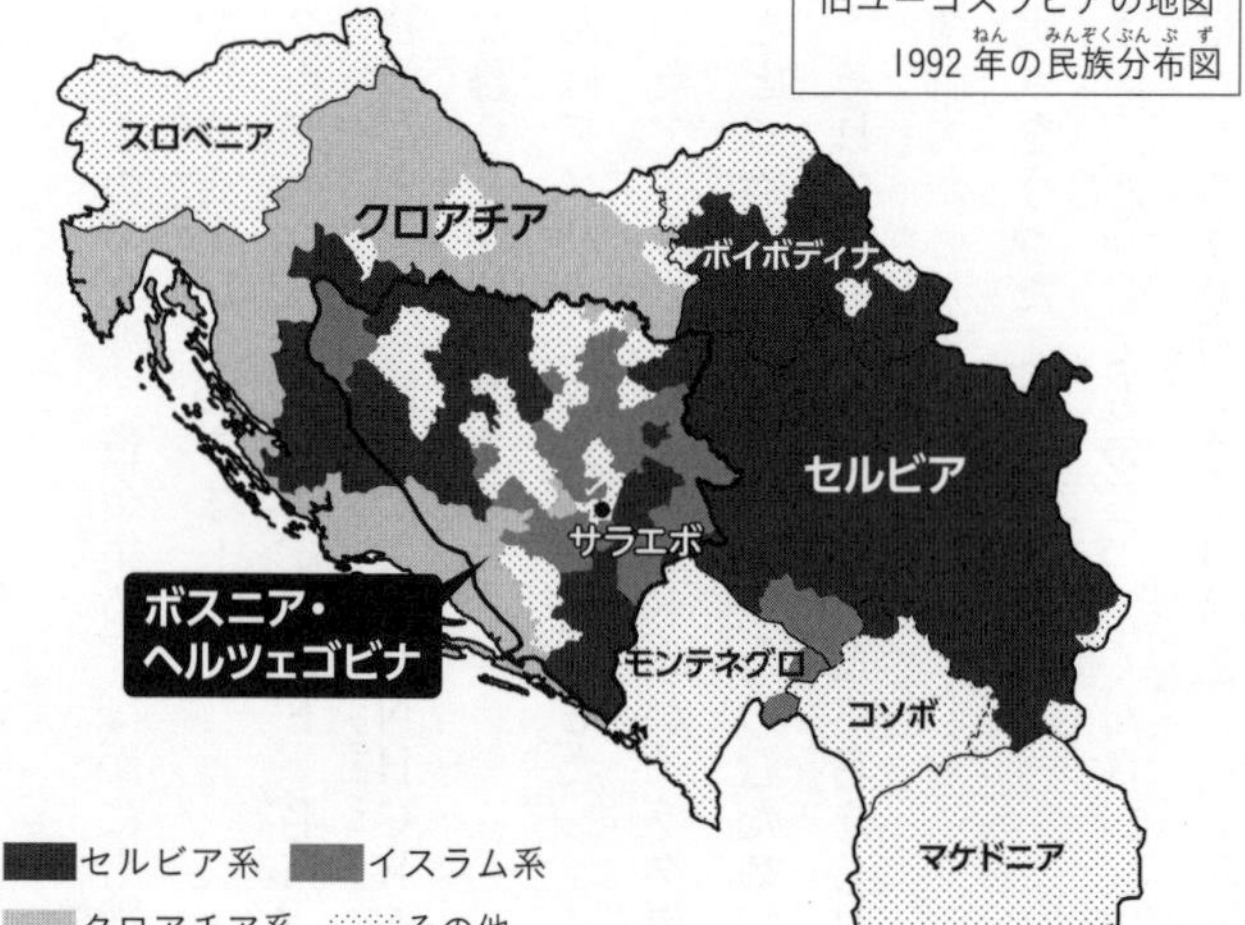

旧《きゅう》ユーゴスラビアの地図《ちず》
1992年《ねん》の民族分布図《みんぞくぶんぷず》

とどまることをのぞんだセルビア系住民《けいじゅうみん》と、独立《どくりつ》をのぞんだイスラム系住民《けいじゅうみん》・クロアチア系住民《けいじゅうみん》との間《あいだ》に、対立《たいりつ》が起《お》こったのです。

ついこのあいだまで、ご近所《きんじょ》づきあいをしていた人《ひと》びとが銃口《じゅうこう》を向《む》けあい、殺《ころ》しあいを始《はじ》めました。首都《しゅと》のサラエボでは、イスラム系《けい》を中心《ちゅうしん》とする40万人《まんにん》が、セルビア系勢力《けいせいりょく》に包囲《ほうい》され、身動《みうご》きができなくなっていました。

緒方《おがた》さんは、国連《こくれん》が派遣《はけん》した各国《かっこく》の軍《ぐん》とともに、空《そら》から援助物資《えんじょぶっし》をとどけ、食糧支援《しょくりょうしえん》を行《おこな》うことにしました。UNHCR《ユーエヌエイチシーアール》史上初《しじょうはつ》の、軍《ぐん》と共同《きょうどう》の空輸作戦《くうゆさくせん》です。

「軍《ぐん》といっしょにはたらくのですか?」

職員《しょくいん》のなかから不安《ふあん》の声《こえ》がもれました。平和《へいわ》を目指《めざ》す活動《かつどう》をする機関《きかん》が、軍《ぐん》という戦闘《せんとう》のプロと仕事《しごと》をすることには抵抗《ていこう》があったからです。じつは、緒方《おがた》さんも同《おな》じでした。しかし、空輸作戦《くうゆさくせん》を成功《せいこう》させるには、軍《ぐん》の輸送力《ゆそうりょく》や防御力《ぼうぎょりょく》が必要《ひつよう》です。

「わたしたちの目的《もくてき》をかれらが理解《りかい》してくれれば、大《おお》きな力《ちから》になるはずです。」

救援物資《きゅうえんぶっし》をサラエボ空港《くうこう》に運《はこ》び、そこから国内各地《こくないかくち》に陸路《りくろ》で運《はこ》ぶ計画《けいかく》が立《た》てられました。

7月《がつ》、最初《さいしょ》の飛行機《ひこうき》が着《つ》いたころ。緒方《おがた》さんは、サラエボへ向《む》かう準備《じゅんび》をしていました。銃弾《じゅうだん》がとびかっているまっただ中《なか》にとびこんでいくなど、いままでならありえないことです。しかし、緒方《おがた》さんは、危険《きけん》を覚悟《かくご》して防弾《ぼうだん》チョッキを着《き》て行《い》きました。

飛行機《ひこうき》はなるべく高《たか》いところをとび、サラエボ上空《じょうくう》に来《き》たら、地面《じめん》に向《む》かって急降下《きゅうこうか》します。そうしないと地上《ちじょう》から、ねらいうちされてしまうのです。いつもは冷静《れいせい》な緒方《おがた》さんも、こわいと感《かん》じずにはいられませんでした。サラエボ市郊外《しこうがい》の空港《くうこう》に着《つ》くと、銃《じゅう》でねらわれないよう、トラックをかべにしながら車《くるま》づたいに移動《いどう》し、倉庫《そうこ》のかげへと体《からだ》をすべりこませました。

そこからがまた命《いのち》がけです。飛行場《ひこうじょう》からサラエボ市内《しない》までは通称《つうしょう》、「狙撃通《そげきどお》り」。その道《みち》で動《うご》くものはすべて標《ひょう》的《てき》になるといわれている通《とお》りを、防弾車《ぼうだんしゃ》で走《はし》りました。

サラエボは、かつてオリンピックが開《ひら》かれた美《うつく》しい町《まち》です。

サラエボに乗《の》りこんだ緒方《おがた》さん。

しかし、緒方《おがた》さんがおりたったときには、銃弾《じゅうだん》がとびかい、町中《まちじゅう》の建物《たてもの》は銃弾《じゅうだん》で荒《あ》れはてていました。われた窓《まど》ガラスの向《む》こうでは、食《た》べ物《もの》や水《みず》を手《て》に入《い》れることができない市民《しみん》が銃声《じゅうせい》におびえ、手榴弾《しゅりゅうだん》とサイレンの音《おと》がけたたましく鳴《な》りひびいています。

何回目《なんかいめ》かにおとずれたときには、運転士《うんてんし》に流《なが》れ弾《だま》が当《あ》たり、大《おお》けがを負《お》いました。緒方《おがた》さんが車《くるま》からおりた10分後《ぷんご》、一瞬《いっしゅん》のできごとでした。いつうたれるかわからない、いまこの瞬間《しゅんかん》にもうたれるかもしれない。それでも、飛行機《ひこうき》はとび、トラックは走《はし》りつづけました。関係者《かんけいしゃ》の犠牲《ぎせい》もふえつづけました。

「政治的対立《せいじてきたいりつ》がなくならないかぎり、紛争《ふんそう》の根《ね》はのこり、難民《なんみん》の苦《くる》しみはなくならない。」

緒方《おがた》さんは、紛争《ふんそう》を解決《かいけつ》するために、いくつもの国《くに》で話《はな》しあう国際会議《こくさいかいぎ》の場《ば》をつくったり、各勢力《かくせいりょく》のリーダーを集《あつ》めて説得《せっとく》しようとしたりしました。しかし、自分《じぶん》たちの利益《りえき》ばかりを考《かんが》えている国《くに》が多《おお》く、停戦《ていせん》に向《む》けた話《はな》しあいはなかなか進《すす》みませんでした。

そのあとも、いくどとない緊急事態《きんきゅうじたい》に直面《ちょくめん》しながら、緒方《おがた》さんは現場《げんば》に足《あし》を運《はこ》びつづけ、UNHCR《ユーエヌエイチシーアール》の空輸《くうゆ》は、およそ1万《まん》2000回《かい》にもおよびました。ボスニア・ヘルツェゴビナの紛争《ふんそう》が終《お》わったのは、3年半後《ねんはんご》の1995年末《ねんすえ》のことでした。

１９９４年《ねん》に起《お》きたアフリカのルワンダの紛争《ふんそう》では、部族対立《ぶぞくたいりつ》でおよそ80万人《まんにん》の人《ひと》が亡《な》くなり、２００万人《まんにん》におよぶ難民《なんみん》がまわりの国《くに》へにげだしました。

この紛争《ふんそう》で問題《もんだい》となったのは、難民《なんみん》キャンプに、人《ひと》を殺《ころ》した兵士《へいし》やその指導者《しどうしゃ》たちがたくさんまぎれていたことです。

かれらは、復讐《ふくしゅう》のチャンスをうかがいながら、救援物資《きゅうえんぶっし》を独占《どくせん》したり、難民《なんみん》に暴力《ぼうりょく》をふるったりしていました。

そんな人《ひと》たちを支援《しえん》することはできないと、やむなく引《ひ》きあげていった支援団体《しえんだんたい》もありました。

しかし、緒方《おがた》さんは、キャンプの治安《ちあん》を守《まも》り、支援《しえん》をつづける道《みち》をさがしました。そして、難民受《なんみんう》けいれ国《こく》のザイールからやってきた部隊《ぶたい》に、専門的《せんもんてき》な訓練《くんれん》をほどこし、キャンプの治安維持《ちあんいじ》にあたらせ、難民《なんみん》のふるさとへの帰還《きかん》を進《すす》めたのです。

ルワンダの人《ひと》びとは緒方《おがた》さんの活躍《かつやく》をたたえ、多《おお》くの家《いえ》

©UNHCR/P.Moumtzis

ルワンダで、子《こ》どもたちと交流《こうりゅう》する緒方《おがた》さん。

では、女《おんな》の子《こ》が生《う》まれると「サダコオガタ」と名《な》づけたそうです。

3年《ねん》といわれた緒方《おがた》さんの任期《にんき》は、気《き》がつけば10年目《ねんめ》になっていました。UNHCR《ユーエヌエイチシーアール》は、職員《しょくいん》の数《かず》が2000人《にん》から5000人《にん》になり、国連《こくれん》の人道支援機関《じんどうしえんきかん》のなかで、もっともすばやく行動《こうどう》できる組織《そしき》に生《う》まれかわっていました。

「文化《ぶんか》、宗教《しゅうきょう》、信念《しんねん》がことなろうと、大切《たいせつ》なのは苦《くる》しむ人《ひと》びとの命《いのち》をすくうこと。自分《じぶん》の国《くに》だけの平和《へいわ》などありえない。なぜなら世界《せかい》はつながっているから。」

長《なが》い間《あいだ》、緒方《おがた》さんをささえつづけたこの信念《しんねん》は、いまやUNHCR《ユーエヌエイチシーアール》の職員《しょくいん》の間《あいだ》でも広《ひろ》く共有《きょうゆう》されています。

緒方《おがた》さんは一年《いちねん》の半分《はんぶん》を難民《なんみん》とともに現場《げんば》ですごし、絶望《ぜつぼう》に打《う》ちひしがれているかれらに、こんな言葉《ことば》をおくりました。

「Be《ビー》 strong《ストロング》. You《ユー》 have《ハフ》 to《トゥ》 go《ゴー》 home《ホーム》.（強《つよ》くありなさい。かならずふるさとに帰《かえ》るのよ。）」

かれらが家族《かぞく》そろって国《くに》へ帰《かえ》る姿《すがた》を見送《みおく》ることが、なによりの生《い》きがいでした。

緒方《おがた》さん自身《じしん》、世界《せかい》という舞台《ぶたい》をとびまわっていても、その胸《むね》の中《なか》には、いつもわが家《や》がありました。だからこそ、家《いえ》へ帰《かえ》ること、家族《かぞく》とともにいることを支援《しえん》し、難民《なんみん》に手《て》をさしのべることができたのでしょう。

2000年《ねん》10月《がつ》、国連本部《こくれんほんぶ》。

今日《きょう》は緒方《おがた》さんの退任《たいにん》スピーチがある日《ひ》です。緒方《おがた》さんがあらわれると、世界各国《せかいかっこく》の国《こく》連大使《れんたいし》がいっせいに立《た》ちあがり、盛大《せいだい》な拍手《はくしゅ》がわきおこりました。

ひとりひとりと親《した》しみをこめたあいさつをかわしながら、緒方《おがた》さんはどうどうとした足《あし》どりで壇上《だんじょう》へと歩《ある》いていきます。いつのころからか、この小柄《こがら》な日本人女性《にほんじんじょせい》は、世界中《せかいじゅう》から「小《ちい》さな巨人《きょじん》」とよばれるようになっていました。

緒方《おがた》さんは壇上《だんじょう》に上《あ》がり、この10年《ねん》のできごとをひとつひとつ話《はな》していきます。仲間《なかま》たちの努力《どりょく》と家族《かぞく》の支《ささ》えがあったからこそ、乗《の》りこえられたことばかりです。緒方《おがた》さんの胸《むね》は、感謝《かんしゃ》の気持《きも》ちであふれています。スピーチの最後《さいご》はこうしめくくられました。

家《いえ》を追《お》われ、もっとももまずしい境遇《きょうぐう》にある人《ひと》びとを、守《まも》らんとするみなさまの献身《けんしん》に尊厳《そんげん》を。

難民《なんみん》によりそい、前線《ぜんせん》で人道支援《じんどうしえん》に従事《じゅうじ》する者《もの》たちに尊厳《そんげん》を。

そしてだれよりも、難民《なんみん》に尊厳《そんげん》を。

鳴《な》りやまない盛大《せいだい》な拍手《はくしゅ》を、緒方《おがた》さんはおだやかな表情《ひょうじょう》で受《う》けとめました。

緒方《おがた》さんは、UNHCR《ユーエヌエイチシーアール》を退任《たいにん》したあと、アフガニスタンの復興支援《ふっこうしえん》やJICA《ジャイカ》(国際《こくさい》協力機構《きょうりょくきこう》)という発展途上国《はってんとじょうこく》の開発《かいはつ》を援助《えんじょ》する機関《きかん》などではたらきつづけています。命《いのち》をすくう仕事《しごと》の先《さき》には、その人《ひと》たちが幸《しあわ》せに生活《せいかつ》していけるよう手助《てだす》けをする仕事《しごと》があるのです。教育《きょういく》や農業開発《のうぎょうかいはつ》など、暮《く》らしをささえる環境《かんきょう》づくりも進《すす》めました。

会議室《かいぎしつ》から指示《しじ》を出《だ》すのではなく、現地《げんち》をこの目《め》で見《み》て、考《かんが》え、行動《こうどう》する。緒方《おがた》さんの仕事《しごと》のやり方《かた》はかわりません。

小《ちい》さな巨人《きょじん》は、いまも国際社会《こくさいしゃかい》で活躍《かつやく》しつづけています。

緒方《おがた》さんは10年間《ねんかん》UNHCR《ユーエヌエイチシーアール》のリーダーをつとめた。

憲法《けんぽう》の力《ちから》、ことばの力《ちから》

野上《のがみ》 暁《あきら》

戦争《せんそう》が終《お》わって

この本《ほん》を読《よ》んで、どのお話《はなし》が心《こころ》にのこりましたか？　登場《とうじょう》する人《ひと》も場所《ばしょ》も時代《じだい》もちがいますが、戦争《せんそう》という異常《いじょう》な状況《じょうきょう》のなかで、どんなことが起《お》こり、そこにどんな人間的《にんげんてき》な葛藤《かっとう》やドラマがあったかが、よくわかったかと思《おも》います。戦争《せんそう》という、あってはならない事態《じたい》のなかで、いろいろな人《ひと》たちがとったさまざまな行《おこな》いや考《かんが》え方《かた》、またその結果起《けっかお》こったことなどをまず知《し》ることが、平和《へいわ》を守《まも》りつづけるうえでとても大切《たいせつ》です。そこから生《う》まれた疑問《ぎもん》を、さらに調《しら》べたり考《かんが》えたりしてみてください。

最後《さいご》に、1945年《ねん》8月《がつ》15日《にち》、日本《にっぽん》の戦争《せんそう》が終《お》わったあと、それは第二次世界大戦《だいにじせかいたいせん》が終結《しゅうけつ》したあとということでもありますが、戦争《せんそう》の反省《はんせい》から、なにが生《う》まれたかについて紹介《しょうかい》します。

日本人《にほんじん》の多《おお》くは、二度《にど》と同《おな》じようなおそろしくて悲《かな》しい思《おも》いをしたくないと思《おも》いました。二《に》度《ど》と戦争《せんそう》などしたくないと思《おも》いました。そのためには、武器《ぶき》や軍隊《ぐんたい》をもたず、よその国《くに》と争《あらそ》いごとが起《お》こっても、話《はな》しあいで解決《かいけつ》しようと思《おも》いました。

そして、そのかたい決意《けつい》のもとに、新《あたら》しい憲法《けんぽう》をつくったのです。

「日本国憲法《にほんこくけんぽう》」の目指《めざ》すもの

日本《にっぽん》には明治時代《めいじじだい》につくられた「大日本帝国憲法《だいにっぽんていこくけんぽう》」がありましたが、それは天皇《てんのう》を中心《ちゅうしん》とした国《くに》をつくるための憲法《けんぽう》でした。国《くに》や政府《せいふ》が戦争《せんそう》に向《む》かってつきすすんでも、ひとりひとりでは弱《よわ》い国民《こくみん》には、その暴走《ぼうそう》を止《と》めることができなかったのです。新《あたら》しい憲法《けんぽう》「日本国憲法《にほんこくけんぽう》」は、１９４７年《ねん》５月３日《がつみっか》に施行《しこう》されました。「日本国憲法《にほんこくけんぽう》」は、国民《こくみん》が中心《ちゅうしん》になって、こういう国《くに》をつくっていくのだと、国《くに》の基本的《きほんてき》な形《かたち》を記《しる》し、それを政府《せいふ》に守《まも》らせようとするものです。

この、国《くに》のあり方《かた》を決《き》める権利《けんり》は国民《こくみん》にあるという考《かんが》え方《かた》を「国民主権《こくみんしゅけん》」といいます。国《くに》や政府《せいふ》が勝手《かって》なことをしないように、憲法《けんぽう》が国家《こっか》の暴走《ぼうそう》を止《と》めるのです。わたしたち国民《こくみん》が守《まも》るべきルールではなく、国《くに》の権力《けんりょく》を使《つか》う立場《たちば》の国会議員《こっかいぎいん》や公務員《こうむいん》などが守《まも》るべきルールです。

「日本国憲法《にほんこくけんぽう》」がどんなに大事《だいじ》なことをつたえているか。わたしたちひとりひとりにとって、どれほど大切《たいせつ》なものか。１９４７年《ねん》８月《がつ》、文部省《もんぶしょう》（現文部科学省《げんもんぶかがくしょう》）が日本国憲法《にほんこくけんぽう》の理解《りかい》のために、中学《ちゅうがく》1年生用社会科教科書《ねんせいようしゃかいかきょうかしょ》として発行《はっこう》した『あたらしい憲法《けんぽう》のはなし』にはそのことがよく表《あらわ》れています。そこから一部《いちぶ》を引用《いんよう》してみます。

「みなさん、あたらしい憲法《けんぽう》ができました。そうして昭和《しょうわ》二十二年《ねん》五月三日《がつみっか》から、私《わたし》たち日本《にほん》国民《こくみん》は、この憲法《けんぽう》を守《まも》ってゆくことになりました。」

五月三日《がつみっか》は憲法記念日《けんぽうきねんび》。この日《ひ》の意味《いみ》を知《し》らずに、国民《こくみん》の祝日《しゅくじつ》として休《やす》んでいる人《ひと》は、次《つぎ》の文章《ぶんしょう》にドキッとするかもしれませんね。

「ところでみなさんは、憲法《けんぽう》というものはどんなものかごぞんじですか。じぶんの身《み》にかかわりのないことのようにおもっている人《ひと》はないでしょうか。もしそうならば、それは大《おお》きなまちがいです。」

そして次《つぎ》のようにも書《か》いてあります。

「こんどのあたらしい憲法《けんぽう》は、日本国民《にほんこくみん》がじぶんでつくったもので、日本国民《にほんこくみん》ぜんたいの意見《いけん》で、自由《じゆう》につくられたものであります。（中略《ちゅうりゃく》）みなさんも日本国民《にほんこくみん》のひとりです。そうすれば、この憲法《けんぽう》は、みなさんのつくったものです。」

民主主義《みんしゅしゅぎ》では、多数決《たすうけつ》でものごとを決《き》めるのが基本的《きほんてき》なルールになっています。しかし、多《た》数《すう》の意見《いけん》が正《ただ》しいかといえば、そうとばかりいえないことがたくさんあります。そのときのムードに流《なが》されたり、マスコミが世《よ》の中《なか》の多《おお》くの人《ひと》の意見《いけん》をあやつって多数派《たすうは》をつくりだすこともあります。ヒトラーがひきいたナチス・ドイツは、選挙《せんきょ》という民主的《みんしゅてき》なルールで圧倒的《あっとうてき》な権力《けんりょく》をにぎり、その力《ちから》を背景《はいけい》にして、ユダヤ人《じん》の大量虐殺《たいりょうぎゃくさつ》を引《ひ》きおこしました。このようなことが起《お》こらないよう、たとえ国民《こくみん》の多数《たすう》に支持《しじ》された政府《せいふ》であっても、うばってはいけない国《こく》民《みん》の権利《けんり》を守《まも》るために、憲法《けんぽう》にもとづいた政治《せいじ》を行《おこな》うことを「立憲主義《りっけんしゅぎ》」といいます。

日本《にっぽん》は、戦争《せんそう》が終《お》わってから70年以上《ねんいじょう》にわたって、現在《げんざい》まで一度《いちど》も戦争《せんそう》をしていません。

それは新《あたら》しい憲法《けんぽう》にもりこまれた第九条《だいじょう》が、もう二度《にど》と戦争《せんそう》をしないということを、はっきりうたっているからです。国《くに》として戦争《せんそう》をしないことはもちろん、武器《ぶき》を使《つか》ってほかの国《くに》をおどすこともしない。そのためには軍隊《ぐんたい》をもたないし、他国《たこく》と戦争《せんそう》することはみとめないと記《しる》しています。これを「平和主義《へいわしゅぎ》」といいます。

第《だい》九条《じょう》

1 日本国民《にほんこくみん》は、正義《せいぎ》と秩序《ちつじょ》を基調《きちょう》とする国際平和《こくさいへいわ》を誠実《せいじつ》に希求《ききゅう》し、国権《こっけん》の発動《はつどう》たる

戦争《せんそう》と、武力《ぶりょく》による威嚇《いかく》又《また》は武力《ぶりょく》の行使《こうし》は、国際紛争《こくさいふんそう》を解決《かいけつ》する手段《しゅだん》としては、永《えい》久《きゅう》にこれを放棄《ほうき》する。（戦争《せんそう》の放棄《ほうき》）

2　前項《ぜんこう》の目的《もくてき》を達《たっ》するため、陸海空軍《りくかいくうぐん》その他《た》の戦力《せんりょく》は、これを保持《ほじ》しない。国《くに》の交戦権《こうせんけん》は、これを認《みと》めない。（戦力《せんりょく》の不保持《ふほじ》・交戦権《こうせんけん》の否認《ひにん》）

さきに紹介《しょうかい》した教科書《きょうかしょ》の『あたらしい憲法《けんぽう》のはなし』でも、こう言《い》っています。

「これからさき日本《にっぽん》には、陸軍《りくぐん》も海軍《かいぐん》も空軍《くうぐん》もないのです。これを戦力《せんりょく》の放棄《ほうき》といいます。「放《ほう》棄《き》」とは「すててしまう」ということです。しかしみなさんは、けっして心《こころ》ぼそく思《おも》うことはありません。日本《にっぽん》は正《ただ》しいことを、ほかの国《くに》よりさきに行《おこな》ったのです。世《よ》の中《なか》に、正《ただ》しいことぐらい強《つよ》いものはありません。」

正《ただ》しいことぐらい強《つよ》いものはない――。そのとおりです。

「もう一《ひと》つは、よその国《くに》と争《あらそ》いごとがおこったとき、けっして戦争《せんそう》によって、相手《あいて》をまかして、じぶんのいいぶんをとおそうとしないということをきめたのです。おだやかにそうだんをして、きまりをつけようというのです。なぜならば、いくさをしかけることは、けっきょく、じぶ

ん の国《くに》をほろぼすようなはめになるからです。」

「国民主権《こくみんしゅけん》」と「平和主義《へいわしゅぎ》」、そして「基本的人権《きほんてきじんけん》の尊重《そんちょう》」をくわえた三つを「日本国憲法《にほんこくけんぽう》」の基本三原則《きほんさんげんそく》とよんでいます。

「基本的人権《きほんてきじんけん》」というのは、人間《にんげん》が生《う》まれながらにしてもっている権利《けんり》のこと。その「尊重《そんちょう》」とは、自分《じぶん》が考《かんが》えたこと、思《おも》ったことを自由《じゆう》に発言《はつげん》し表現《ひょうげん》する権利《けんり》や、選挙《せんきょ》や政治《せいじ》に参加《さんか》する権利《けんり》、平和《へいわ》な暮《く》らしをする権利《けんり》、知《し》る権利《けんり》など、さまざまな権利《けんり》を大切《たいせつ》にすることです。この三つの原則《げんそく》を、国《くに》は守《まも》っていかなければならないと、「日本国憲法《にほんこくけんぽう》」はのべているのです。

その前提《ぜんてい》にあるのは、憲法第《けんぽうだい》一三条《じょう》の「個人《こじん》の尊重《そんちょう》」という考《かんが》え方《かた》です。少《すこ》しむずかしいかもしれませんが、その文章《ぶんしょう》を紹介《しょうかい》します。

第《だい》一三条《じょう》

すべて国民《こくみん》は、個人《こじん》として尊重《そんちょう》される。生命《せいめい》、自由及《じゆうおよ》び幸福追求《こうふくついきゅう》に対《たい》する国民《こくみん》の権利《けんり》については、公共《こうきょう》の福祉《ふくし》に反《はん》しない限《かぎ》り、立法《りっぽう》その他《た》の国政《こくせい》の上《うえ》で、最大《さいだい》の尊重《そんちょう》を必要《ひつよう》とする。

国民《こくみん》のひとりひとりが、自分《じぶん》であることを大切《たいせつ》にするとともに、他人《たにん》からも大切《たいせつ》にされ、また他人《たにん》のことをも大切《たいせつ》にする。それぞれの命《いのち》や、自由《じゆう》や、それぞれの幸福《こうふく》を追《お》いもとめていく権利《けんり》がある。この権利《けんり》は、みんなの迷惑《めいわく》にならないかぎり、法律《ほうりつ》や国《くに》の政治《せいじ》のうえでも、最大《さいだい》限《げん》に尊重《そんちょう》される必要《ひつよう》があると言《い》っています。つまり、かけがえのない自分《じぶん》が、自分《じぶん》にとっていちばんいい生《い》き方《かた》をするのを、だれもじゃますることはできないということです。

戦争《せんそう》の記憶《きおく》をわすれない

戦争中《せんそうちゅう》には、ものごとを自由《じゆう》に語《かた》ったり、表現《ひょうげん》したりする権利《けんり》もおさえつけられていました。政府《せいふ》に反対《はんたい》することを言《い》ったり本《ほん》に書《か》いたりすると、警察《けいさつ》につかまり、牢屋《ろうや》に入《い》れられ、きびしい取《と》り調《しら》べを受《う》けました。

漁《りょう》でカニをとって缶詰《かんづめ》にする大《おお》きな船《ふね》ではたらく人《ひと》たちが、どんなにつらい労働《ろうどう》を強《し》いられているかを、「蟹工船《かにこうせん》」という小説《しょうせつ》でえがいた作家《さっか》の小林多喜二《こばやしたきじ》は、政府《せいふ》に反対《はんたい》する運動《うんどう》をしているという疑《うたが》いで逮捕《たいほ》されます。そして取調官《とりしらべかん》のきびしい拷問《ごうもん》によって殺《ころ》されるという事件《じけん》も起《お》こりました。言論《げんろん》や表現《ひょうげん》の自由《じゆう》が、戦争中《せんそうちゅう》にはほとんどなかったのです。

戦争中《せんそうちゅう》も、新聞《しんぶん》や雑誌《ざっし》はもちろんありましたが、政府《せいふ》の都合《つごう》のよいことしか書《か》くことはできません。だから、戦争《せんそう》で負《ま》けそうになっていても、国民《こくみん》はそのことをまったく知《し》らされず、ずっと勝《か》ちつづけているように思《おも》わされていたのです。

戦争《せんそう》が終《お》わるとともに、言論《げんろん》や表現《ひょうげん》の自由《じゆう》も回復《かいふく》されて、戦争中《せんそうちゅう》に発売《はつばい》が禁止《きんし》されていた雑《ざ》誌《つし》や本《ほん》が、つぎつぎと出版《しゅっぱん》されるようになりました。子《こ》どもの雑誌《ざっし》も、たくさん発売《はつばい》されるようになります。マンガ雑誌《ざっし》がブームになるのも、戦争《せんそう》が終《お》わってしばらくしてからでした。

戦争《せんそう》が終《お》わる前《まえ》の日本《にっぽん》では、女性《じょせい》には選挙《せんきょ》をする権利《けんり》も、選挙《せんきょ》される権利《けんり》もあたえられていませんでした。政治《せいじ》には男性《だんせい》しか参加《さんか》できなかったのです。女性《じょせい》の国会議員《こっかいぎいん》はもちろん、市会《しかい》議員《ぎいん》などの地方議会《ちほうぎかい》の議員《ぎいん》にも、女性《じょせい》はひとりもいませんでした。ところが、戦争《せんそう》が終《お》わった年《とし》の12月《がつ》に、女性《じょせい》が政治《せいじ》に参加《さんか》できるようになり、1946年《ねん》4月《がつ》に行《おこな》われた衆議院議員総選《しゅうぎいんぎいんそうせん》挙《きょ》では、39人《にん》の女性国会議員《じょせいこっかいぎいん》が誕生《たんじょう》しました。はじめて選挙《せんきょ》に参加《さんか》できるようになった女性《じょせい》たちが、日本中《にほんじゅう》で大《おお》きく燃《も》えたのです。女性《じょせい》が政治《せいじ》に参加《さんか》できなかったなんて、ちょっと信《しん》じられないでしょう。

また、選挙権《せんきょけん》は、1945年《ねん》12月《がつ》から、20才以上《さいいじょう》の男女《だんじょ》にあたえられていました。ところが

2016年《ねん》6月《がつ》からは18才以上《さいいじょう》の男女《だんじょ》が、投票《とうひょう》できることになりますから、戦争中《せんそうちゅう》のことを考《かんが》えると大《おお》きな違《ちが》いです。

選挙《せんきょ》を通《とお》して国民自身《こくみんじしん》が、国民《こくみん》の意見《いけん》を代表《だいひょう》する議員《ぎいん》をえらび、その人《ひと》たちによって国《くに》の政《せい》治《じ》が行《おこな》われていくのです。選挙《せんきょ》は国民《こくみん》にとって、民主主義《みんしゅしゅぎ》をささえるうえで大事《だいじ》な権利《けんり》です。女性《じょせい》が政治《せいじ》に参加《さんか》できるようになった最初《さいしょ》のころは、選挙《せんきょ》で投票《とうひょう》する人《ひと》の割合《わりあい》はとても高《たか》かったのですが、最近《さいきん》ではその権利《けんり》をいかそうとしない人《ひと》がふえてきています。

1990年頃《ねんごろ》までは、60パーセント台《だい》の後半《こうはん》から70パーセント以上《いじょう》あった総選挙《そうせんきょ》の投票率《とうひょうりつ》が、2014年《ねん》では約《やく》53パーセント。有権者《ゆうけんしゃ》の半分《はんぶん》ちょっとです。これで国《くに》の政治《せいじ》が動《うご》かされることになるのですから、民主主義《みんしゅしゅぎ》の危機《きき》だといってもよいでしょう。

あの戦争《せんそう》から70年以上《ねんいじょう》もすぎてしまうと、戦時中《せんじちゅう》のおそろしい記憶《きおく》もうすれてしまい、国民《こくみん》の政治《せいじ》に対《たい》する無関心《むかんしん》と無責任《むせきにん》が広《ひろ》がってきているようで気《き》がかりです。

戦争《せんそう》という、大《おお》きな犠牲《ぎせい》の上《うえ》に獲得《かくとく》した権利《けんり》を、自分《じぶん》から放棄《ほうき》してしまっては、再《ふたた》び戦争《せんそう》への道《みち》を歩《あゆ》みかねません。戦争《せんそう》の悲惨《ひさん》な体験《たいけん》をわすれないために、しっかりとかみしめ、継承《けいしょう》していくことが大事《だいじ》です。

平和《へいわ》のために大切《たいせつ》なこと

日本《にっぽん》と同《おな》じように第二次世界大戦《だいにじせかいたいせん》に負《ま》けたドイツのヴァイツゼッカー大統領《だいとうりょう》が、1985年《ねん》に当時《とうじ》のドイツ連邦議会《れんぽうぎかい》で行《おこな》った、終戦《しゅうせん》40周年《しゅうねん》の記念講演《きねんこうえん》には、教《おし》えられることがたくさんあります。ヴァイツゼッカーは、過去《かこ》のあやまった歴史《れきし》の記憶《きおく》を、直接《ちょくせつ》その時代《じだい》を知《し》らない世代《せだい》もきちんと受《う》けついでいくことの必要性《ひつようせい》を語《かた》ります。

過去《かこ》の歴史《れきし》をかえたり、起《お》こらなかったことにしたりはできないし、過去《かこ》に目《め》をつぶる人《ひと》は、現在起《げんざいお》こっていることも見《み》ないようにしがちです。非人間的《ひにんげんてき》な行為《こうい》を心《こころ》にきざもうとしない者《もの》は、再《ふたた》びそうした危険《きけん》におちいりやすいのだと言《い》います。そして、歴史《れきし》の真実《しんじつ》を冷静《れいせい》かつ公平《こうへい》に見《み》つめることができるようにと、わかい人《ひと》びとにうったえました。

「ヒトラーはいつも、偏見《へんけん》と敵意《てきい》と憎悪《ぞうお》とをかきたてつづけることに腐心《ふしん》（＊編集部注《へんしゅうぶちゅう》・心《こころ》をくだくこと）しておりました。若《わか》い人《ひと》たちにお願《ねが》いしたい。他《ほか》の人《ひと》びとに対《たい》する敵意《てきい》や憎悪《ぞうお》に駆《か》り立《た》てられることのないようにしていただきたい。」「若《わか》い人《ひと》たちは、たがいに敵対《てきたい》するのではなく、たがいに手《て》をとり合《あ》って生《い》きていくことを学《まな》んでいただきたい。」（岩波《いわなみ》ブックレット『新版《しんぱん》

荒《あ》れ野《の》の40年《ねん》――ヴァイツゼッカー大統領《だいとうりょう》ドイツ終戦《しゅうせん》40周年《しゅうねん》記念演説《きねんえんぜつ》』永井清彦《ながいきよひこ》訳《やく》）

ヴァイツゼッカーが言《い》うように、ほかの国《くに》や民族《みんぞく》に対《たい》する偏見《へんけん》と敵意《てきい》と憎悪《ぞうお》こそが、戦争《せんそう》を引《ひ》きおこすことにつながります。世《よ》の中《なか》には、戦争《せんそう》をすることによって利益《りえき》をえる人《ひと》たちがたくさんいます。兵器《へいき》をつくる人《ひと》たち、それを売《う》って利益《りえき》をえる人《ひと》たちや、その人《ひと》たちにささえられている政治家《せいじか》たちです。

そういう人《ひと》たちは、国民《こくみん》に偏見《へんけん》や敵意《てきい》をあおり、国民《こくみん》はそれにつきうごかされて、相手《あいて》の民《みん》族《ぞく》や国《くに》を力《ちから》でこらしめることに賛成《さんせい》させられてしまうのです。昨今《さっこん》のヘイトスピーチ（民族《みんぞく》や国《こく》籍《せき》などを理由《りゆう》に、個人《こじん》を侮辱《ぶじょく》したり攻撃《こうげき》したりする発言《はつげん》）や、ほかの国《くに》とのあつれきを理由《りゆう》に軍備《ぐんび》を強《きょう》化《か》している日本《にっぽん》の現状《げんじょう》は、とても危険《きけん》でもあります。しかも、戦争《せんそう》の放棄《ほうき》をうたった憲法第《けんぽうだい》九条《じょう》をかえようという声《こえ》も出《で》てきています。

そのような動《うご》きに対《たい》して、たくさんの人《ひと》びとが国会《こっかい》のまわりに集《あつ》まって、声《こえ》をあげました。選挙《せんきょ》という民主的《みんしゅてき》なルールで多数《たすう》をしめた政府《せいふ》であろうとも、本来守《ほんらいまも》らなければならない憲法《けんぽう》を無視《むし》したことに対《たい》する怒《いか》りの声《こえ》でした。多《おお》くの憲法学者《けんぽうがくしゃ》からは、立憲主義《りっけんしゅぎ》をないがしろにするものだとも言《い》われました。このように一般市民《いっぱんしみん》が政府《せいふ》を批判《ひはん》することは、表現《ひょうげん》の自由《じゆう》が保障《ほしょう》されているからこそできるのです。

戦争《せんそう》は、あらゆるものを徹底的《てっていてき》に破壊《はかい》します。人《ひと》を殺《ころ》し、町《まち》をこわし、自然《しぜん》を破壊《はかい》し、人《ひと》の心《こころ》さえもずたずたに引《ひ》きさいてしまいます。そんな戦争《せんそう》を起《お》こさないためには、どうしたらいいのでしょう。人類《じんるい》はそのために、さまざまな知恵《ちえ》をしぼってきました。

「日本国憲法《にほんこくけんぽう》」が、第《だい》九条《じょう》に「戦争《せんそう》の放棄《ほうき》、戦力《せんりょく》の不保持《ふほじ》・交戦権《こうせんけん》の否認《ひにん》」、つまり、戦争《せんそう》をしないこと、軍隊《ぐんたい》をもたず、武器《ぶき》をもって戦《たたか》うことをみとめないと、はっきりとうたったことは、悲惨《ひさん》な戦争《せんそう》を体験《たいけん》してきた日本《にっぽん》ならではの、大《おお》きな成果《せいか》だといえます。

国《くに》と国《くに》との間《あいだ》に、もめごとがあったとしても、あくまで話《はな》しあいで解決《かいけつ》することが大切《たいせつ》です。「憲法《けんぽう》九条《じょう》にノーベル平和賞《へいわしょう》を」というのも、そのような人類《じんるい》の知恵《ちえ》に対《たい》する高《たか》い評価《ひょうか》によるものといってもいいでしょう。武器《ぶき》の力《ちから》ではなく、ことばの力《ちから》で解決《かいけつ》しようということです。

友《とも》だち同士《どうし》のいさかいでも、暴力《ぼうりょく》にうったえれば相手《あいて》をうらむ気持《きも》ちがのこってしまいます。誠実《せいじつ》に話《はな》しあって解決《かいけつ》したほうが、そのあと仲良《なかよ》くなれますよね。

ふだんからことばの力《ちから》を信《しん》じ、ことばの力《ちから》をみがきあげ、自分《じぶん》で考《かんが》える能力《のうりょく》をきたえていくことが、平和《へいわ》を願《ねが》い、戦争《せんそう》を引《ひ》きおこさないことにも、つながるのではないでしょうか。

＊監修者紹介

野上《のがみ》 暁《あきら》

1943年長野県生まれ。児童文学評論家、子ども文化研究者。児童図書、子どもの雑誌などの編集に長年かかわる。日本ペンクラブ理事、白百合女子大学児童文化学科講師、東京成徳大学子ども学部講師。著書に、『子ども文化の現代史: 遊び・メディア・サブカルチャーの奔流』(大月書店) など、編・著書に、『わたしが子どものころ戦争があった―児童文学者が語る現代史』(理論社) ほか多数。

＊執筆者 (五十音順)

金田恭子、工藤 圭、国松俊英、神津良子、神戸万知、小手鞠るい、
高藤圭希、中根会美、はらさちこ、堀切リエ、
宮里夢子、本橋りの、八重野充弘

＊画家 (五十音順)

鴨下 潤、杉原知子、藤原ヒロコ、宮尾和孝

協力 NPO法人 SADAKO LEGACY (サダコレガシー)
http://www.sadako-jp.com

＊編集

オフィス303 (常松心平)

●写真提供

ゲッティイメージズ (カバー,p4,6,29)、PIXTA (カバー,p4,32)、講談社資料センター (カバー,p5,37,116,122,209)、燦葉出版社『サンダードッグ』(カバー,p5,142)、佐藤和孝 (カバー,p4,68,76,79,83,85) 国連難民高等弁務官事務所 (カバー,p5,222,228,232,236,238,241)、玉有正明 (p4,64,66,67)、名古屋市東山動植物園 (p5,214,221)、アフロ (p8,22,26,31)、NPO法人 SADAKO LEGACY (p38,43) The 9/11 Tribute Center (p49上)、源和子 (p49下)、シャッターストック (p54)、JIM-NET (p5,86,91,94,95)、NPO法人 杉原千畝 命のビザ (カバー,p96,104,108)、八百津町 杉原千畝記念館 (p106)、敦賀市発行『ふるさと敦賀の回想』より (p114)、時事通信 (p118,127,130)、國森康弘 (p141)、Hans Joachim Dudeck (p144)、U.S. Navy Photo by Journalist 1st Class Preston Keres (p150)、認定NPO法人 JMAS (p151)、松本昌介 (p152,167,168)、東京都立光明特別支援学校 (p155)、U.S. Forces (p158,181)、日比谷図書文化館 (p170)、USAAF (p174)、沖縄タイムス (p182)、沖縄県立首里高等学校 (p193)、共同通信 (p194,212)、横井庄一記念館 (p201,205,207)、JICA研究所 (p223,225)

●参考文献

『新版 六千人の命のビザ』杉原幸子 (大正出版)、『グアムに生きた二十八年』朝日新聞特派記者団 (朝日新聞社)、『鎮魂の旅路』横井美保子 (ホルス出版)、『日本人その生と死』伊藤忠彦 (日芸出版)、『飛べ! 千羽づる』手島悠介 (講談社)、『奇跡はつばさに乗って』源 和子 (講談社)、『信濃路はるか』光明学校の学童疎開を記録する会編 (田研出版)、『あんずの木の下で』小手鞠るい (原書房)、『アンネのバラ』國森康弘 (講談社)、『アンネ・フランク物語』小山内美江子 (講談社)、『マララ』マララ・ユスフザイ、パトリシア・マコーミック (岩崎書店)、『マララとイクバル』ジャネット・ウィンター (岩崎書店)、『マララ・ユスフザイ国連演説＆インタビュー集』「CNN English Express」編集部 (朝日出版社)、『わたしはマララ』マララ・ユスフザイ、クリスティーナ・ラム (学研パブリッシング)、『クロ物語』独活 章 (けやき出版)、『氷海のクロ』神津良子 (郷土出版社)、『戦争を取材する』山本美香 (講談社)、『山本美香が伝えたかったこと』山本美香、ジャパンプレス編、山梨日日新聞社編 (山梨日日新聞社)、『山本美香最終講義 ザ・ミッション』山本美香 (早稲田大学出版部)、『山本美香という生き方』山本美香、日本テレビ編 (新潮文庫)、『緒方貞子 戦争が終わらないこの世界で』小山靖史 (NHK出版)、『緒方貞子という生き方』黒田龍彦 (ベストセラーズ)、『共に生きるということ be humane』緒方貞子 (PHP研究所)、『紛争と難民 緒方貞子の回想』緒方貞子 (集英社)、『私の仕事』緒方貞子 (草思社)

「イラクとつながるチョコレート」と「盲導犬と奇跡の脱出」は『ほんとうにあったお話3年生』、「戦火をのがれた40万冊」は『ほんとうにあったお話5年生』、「甲子園へのパスポート」は『ほんとうにあったお話6年生』、「笑顔を乗せて象列車出発!」は『ほんとうにあったお話4年生』(いずれも講談社刊) から、加筆掲載しました。

講談社　青い鳥文庫　　A2-2

ほんとうにあった
戦争《せんそう》と平和《へいわ》の話《はなし》

監修　野上《のがみ》 暁《あきら》

2016年6月15日　第1刷発行

(定価はカバーに表示してあります。)

発行者　清水保雅

発行所　株式会社講談社

東京都文京区音羽2-12-21　郵便番号112-8001

電話　編集（03）5395-3536

販売（03）5395-3625

業務（03）5395-3615

N.D.C.916　254p　18cm

装　丁　久住和代

印　刷　図書印刷株式会社

製　本　図書印刷株式会社

本文データ制作　オフィス303

ISBN978-4-06-285562-4

「講談社《こうだんしゃ》 青《あお》い鳥文庫《とりぶんこ》」刊行《かんこう》のことば

太陽《たいよう》と水《みず》と土《つち》のめぐみをうけて、葉《は》をしげらせ、花《はな》をさかせ、実《み》をむすんでいる森《もり》。小《こ》鳥《とり》や、けものや、こん虫《ちゅう》たちが、春《はる》・夏《なつ》・秋《あき》・冬《ふゆ》の生活《せいかつ》のリズムに合《あ》わせてくらしている森《もり》。森《もり》には、かぎりない自然《しぜん》の力《ちから》と、いのちのかがやきがあります。

本《ほん》の世界《せかい》も森《もり》と同《おな》じです。そこには、人間《にんげん》の理想《りそう》や知恵《ちえ》、夢《ゆめ》や楽《たの》しさがいっぱいつまっています。

本《ほん》の森《もり》をおとずれると、チルチルとミチルが「青《あお》い鳥《とり》」を追《お》い求《もと》めた旅《たび》で、さまざまな体験《たいけん》を得《え》たように、みなさんも思《おも》いがけないすばらしい世界《せかい》にめぐりあえて、心《こころ》をゆたかにするにちがいありません。

「講談社《こうだんしゃ》 青《あお》い鳥文庫《とりぶんこ》」は、七十年《ねん》の歴史《れきし》を持《も》つ講談社《こうだんしゃ》が、一人《ひとり》でも多《おお》くの人《ひと》のために、すぐれた作品《さくひん》をよりすぐり、安《やす》い定価《ていか》でおおくりする本《ほん》の森《もり》です。その一さつ一さつが、みなさんにとって、青《あお》い鳥《とり》であることをいのって出版《しゅっぱん》していきます。この森《もり》が美《うつく》しいみどりの葉《は》をしげらせ、あざやかな花《はな》を開《ひら》き、明日《あす》をになうみなさんの心《こころ》のふるさととして、大《おお》きく育《そだ》つよう、応援《おうえん》を願《ねが》っています。

昭和《しょうわ》五十五年《ねん》十一月《がつ》

講談社